ちくま文庫

身体能力を高める「和の所作」

安田登

JN282736

筑摩書房

目次

第二章　深層筋の働きと呼吸

第三章　姿勢を整える「和の所作」

第四章　身体能力を高める「和の所作」

はじめに

子供は無限の可能性に満ちている、といいます。

それは確かです。

しかし、同時に無限の「不可能性」にも満ちています。

何かを「自分はできない」と思い込んでいる子は、どんなに一生懸命教えてもなかなかできるようになりません。たとえば逆上がり、たとえば速く走ること。もちろん、勉強も、歌や楽器もそうです。

いや、それ以前に「自分ができないと思い込んでいること」には、トライしようともしない子も少なくありません。その子たちは「自分はそんなことはできなくてもいい」と、かたくなにいい続けます。最後には大人が根負けして、「やはり、おまえはできないんだ」といってくれるのを待っているようにすら見えます。

そのがんこさは大人以上です。

子供とは、無限のアクセルと無限のブレーキとをあわせ持った存在だともいえるでしょう。

私たち大人の罪深い善意は、彼らのブレーキをはずさずに、そのアクセルだけを吹かすことだけを奨励することです。

「がんばればできるよ」とか「おまえならできるはずだ」とか、あるいは「苦しいのはみんないっしょだ」などといって励まします。そんなふうにいわれても、できないものはできないし、みんなの苦しさなんてわかりはしません。でも、彼がいわゆる「いい子」であると、そんな大人の期待にこたえようと、さらにブレーキを強くかけるようになります。

ブレーキを強くかけながら自転車をこげば、一見、がんばっているように見えます。汗もかくでしょう。息もあがります。でも全然前に進みません。

大人も子供も変だな、と思います——こんなに一生懸命やっているのにダメなのは努力が足りないんじゃないかと。そして、もっとブレーキを強くかけながら、強くこぎます。すると、さっきよりは少し進みます。

その結果、「やった！　成長した」と喜びます。しかし、とても疲れるし、それは本当の喜びではないから、何かのきっかけですぐやめてしまいます。

そうすると大人は「おまえはなんて飽きっぽいんだ」としかります。子供は反発しつつ、やはり「自分は飽きっぽいんだ」と心にきざみ込みます。

そんなことをくり返しつつ成長すれば、飽きっぽい、そして自分の限界を強く心にきざみ込んだ大人が出来上がってしまいます。

これはかわいそうです。

そういうときには、アクセルをさらに吹かすようにむりやり励ますよりも、ちょっとブレーキをはずす方法を教えてあげましょう。それだけで格段に前に進むようになるのです。

本書に登場するエクササイズは、そんなブレーキをはずすための所作《しょさ》（身のこなし）が中心です。そして、これらのエクササイズのなかには、子供たちとの謡《うたい》（能の歌）の稽古から生まれたものも少なくありません。

私が稽古をしているのは、能楽師の子弟ではありません。どこにでもいそうなごく普通の子たちです。そして、私もほんの三十年前までは、彼らと同じく能をまったく知りませんでした。

それがある日、友人に連れられて、のちに私の師匠となる鏑木岑男《かぶらきみねお》師の出演している舞台に接したのがきっかけで、能の魅力に取りつかれてしまいました。それまでは、西洋の音楽が好きだったのですが、鏑木師の声を聴いて、いままでどこでも耳にしたことのない、その迫力に度肝を抜かれ、感動したのです。

そして、入門させていただいて驚いたのは、能楽師の諸先輩方が八十歳、九十歳にもなって、さっそうと舞台で舞っている姿でした。その運動能力には、何か秘密があるに違いありません。

そこで、能楽師の体の秘密を探りながら、運動能力を高める方法を紹介する本を上《じょう》梓《し》してきました。そのなかでも本書は、子供にも焦点を当て、幅広い読者にわかりやすく語ったものです。

本書に登場するエクササイズは、子供の運動能力の向上に役立つものばかりです。また、それらは子供だけでなく、大人が行っても、ゴルフやテニス、ランニングなどのスキルアップにじゅうぶんに応用できます。

親子で本書をお読みになって、みんなが笑顔でいられるご家庭が一つでもふえることを願っています。

なお、本書は、私の書籍としては初めて口述筆記により制作されたものになります。

安田　登

平成十九年四月

身体能力を高める「和の所作」

撮影＝富田浩二
イラスト＝竹口睦郁（本文）
写真・３Ｄイラスト提供＝著者

【第一章】

なぜいま「和の所作」なのか

子供たちの様子がおかしい

十数年前から子供たちを対象に、能の稽古を通したワークショップを行っています。また、かつて教員をしていた関係からか、学校などに招かれ、能の授業をしたり、いっしょに体を動かしたりするなど、子供と接する機会を多く持っています。

これらの経験から、「近ごろの子供たちの様子が、ちょっと変わってきたぞ」と感じています。

近ごろといっても、いつを境にと時期を明確に区切ることはできません。ただ、私が大人になって、子供たちとつきあってきた二十数年の間に、いつの間にか子供たちの様子が変わってきたことを感じているのです。

能の稽古でもこのことは目《ま》の当たりにします。話をするために子供たちを集めて正座をさせると、正座のできない子が何人かいます。ひざを折って座ろうとすると、後ろ側にゴロンとひっくり返ってしまうのです。能では片ひざを立てて座るケースも多いのですが、その場合も、ひざを立てていないほうの足のつま先を立て、かかとにお尻を乗せるという形がとれません。

また、近ごろは、小学生でも、学校でコックリコックリと居眠りをしている子がいます。

授業中に居眠りをするのは、中学生になってからだと思っていました。小学生から中学生になる時期は、体も大きく変化し始め、部活動などの運動もハードになるころなので、いくら寝ても寝たりないはずです。ごはんもたくさん食べるので、ますます眠くなるのは自分の経験からもわかります。

ところが近ごろは、小学生、それも小学校の低学年でも授業中に居眠りをしているのです。勉強や習い事などで疲れているのかもしれません。また、身長や体重など体格はよくなっているのに、体力が落ちているという理由もあるかもしれません。しかし、少し前までは、小学生が授業中に眠るなどとは、あまり考えられませんでした。

居眠り以外にも、腰痛持ちの子供がふえ、学校にある木やスチールのイスでは座っていられず、ソファーに座って授業を受ける子供もいます。自分のことは話せるけれども、「いつ、誰が、何を、どうして、どうなった」や、話の起こしがあって結論があるといった、文脈の中で話をしていくことができないという傾向もあるようです。

これらのことを感じ始めたころから、その理由を探してきました。食生活の変化なのか、テレビゲームやコンピュータの普及なのか、空き地がなくなってマンションだらけになったからなのか――多分、そんな単純な理由ではないでしょう。残念ながら、なぜ子供たちの様子がおかしくなったのか、その決定的な理由はいまだ見つけられていません。

おそらく、多くのお父さん、お母さんも同じようなことを感じ、その理由や解決法を探しているのではないでしょうか。

衰える一方の子供の運動能力

ここで、子供たちの様子が変わってきた理由を探るために、まず最近の子供たちの体の変化を見てみましょう。

最近の子供たちは、みな体格はよくなっています。しかし、その一方で、体格に見合った体力や、走る、蹴る、投げるといった運動能力と、それに加えて、体の柔軟性も低下しています。

図1－1は、文部科学省が二〇〇五（平成十七）年に行った「体力・運動能力調査」の結果をグラフにしたもので、二〇〇五年と、その二十年前の一九八五（昭和六十）年の同じ年代の子供の調査結果を比較してあります。

図 1-1　20年前の基礎的運動能力と体格の比較

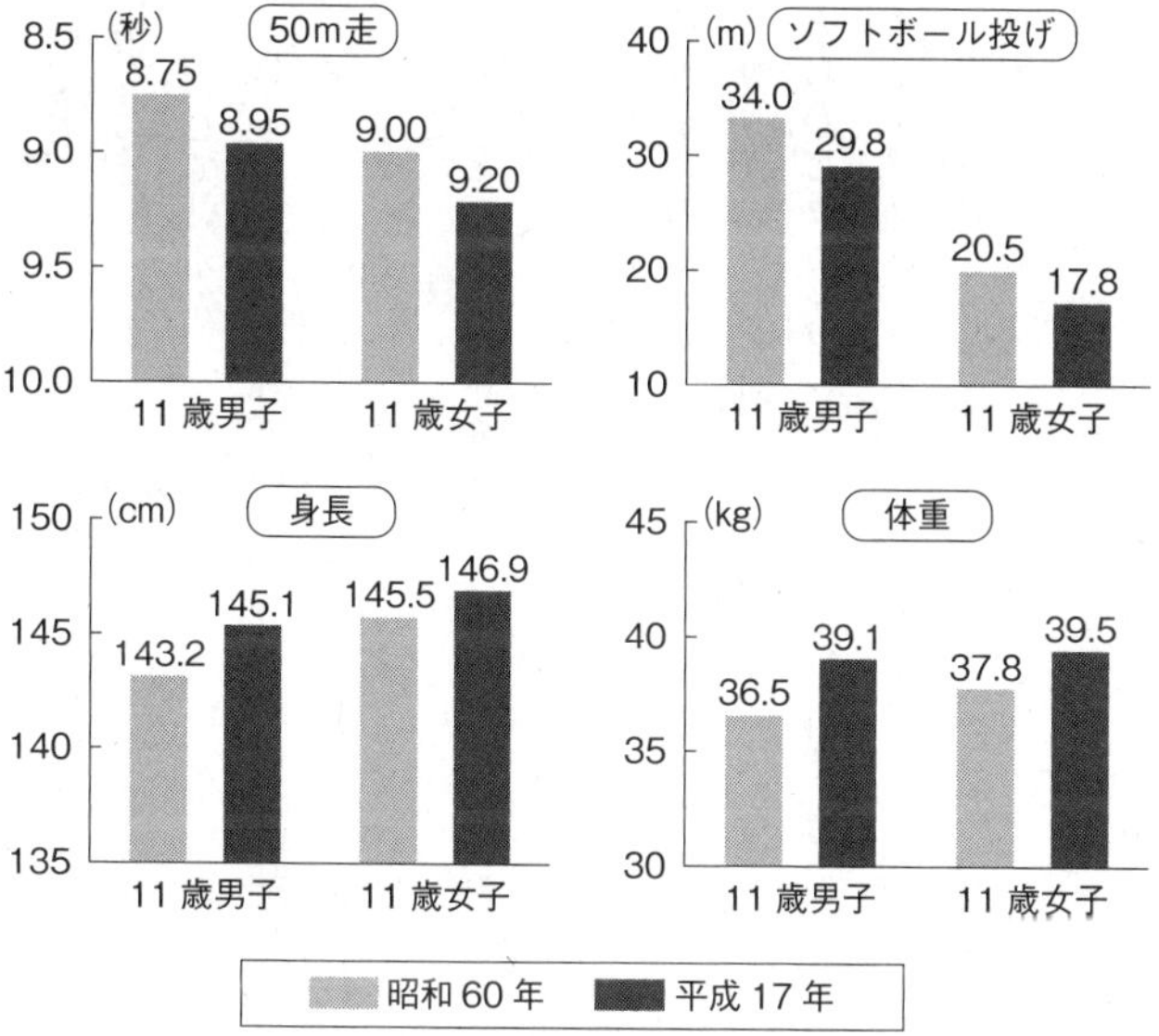

※文部科学省「平成 17 年度体力・運動能力調査結果」より引用して改変

文部科学省の考察でも、「十一歳の基礎的運動能力（「五〇メートル走」「ソフトボール投げ」）および体格（「身長」「体重」）について、二〇年前と現在を比較すると、身長と体重は男女とも向上しているが、五〇メートル走（走力）とソフトボール投げ（投力）は男女とも低下している」とされています。この調査の結果だけでは断定できませんが、近ごろの子供は体格はよくなっている半面、体力・運動能力が低下していることはうかがわれます。

五〇メートル走を見ると、平成十七年の十一歳の男子と昭和六十年の十一歳の女子が、それぞれ八・九五秒、九・〇〇秒と、ほとんど変わらなくなっています。

問題はタイムだけではありません。子供たちが走る姿を見ると、不思議な走り方をしている子供がとても多いのです。

具体的にいうと、ひざから下しか動かさないで走っているのです。見た目にはひざから下、つまり、すねがピョコンピョコンと後ろに上がっているだけで、体が前に進んでいません。お笑い芸人が、その場で走っているマネをするのと同じ動作になっています。これでは、走るのが遅いのもしようがありません。そんな子供は、走り方や歩き方だけでなく、立った姿勢がすでにつらそうです。

学校へ能の授業に行ったときに、子供たちが校庭を元気に走る姿を目にすることがあります。ところが、その走り方はどこかぎこちなく、いまにもころびそうな子供が何人もいます。実際、石ころもころがっていないような校庭で、突然つまずいてころぶ子を目にしたこともあります。

このように、体格がよくなっているのに体力や運動能力が低下している理由は、生活環境の変化に伴う筋力の低下も確かにあるでしょう。しかし、何よりも大きいのは、走り方を知らない、つまり、「体の使い方を知らない」ことではないかと思うのです。

キレる子供たち、似た反応を示す子供たち

子供たちの体の使い方を知らないことによる弊害は、精神面にも現れているように感じます。

以前、北海道の小学校で能の授業を行ったときのことです。小学三年生のクラスの担任の先生から、「うちのクラスに急にキレてしまう男の子が何人かいるのですが……」という相談を受けました。

その子供たちは、ふだんはとてもいい子なのですが、ある一瞬を境にキレてしまい、手がつけられないほど暴れるようです。そして、キレたときには呼吸が止まって暴れ

るといいます。そこで能の授業のときに呼吸法を教えることにしました。

能では、私たちが無意識のうちに行っている呼吸とは違った、横隔膜《おうかくまく》（胸部と腹部を分けている筋肉質の膜）を意識的に使う呼吸法を行います。これは腹式呼吸（息を吸うときにおなかをふくらませ、吐くときにへこませる呼吸法＝くわしくは一七〇ページを参照）の一種で、深くてゆったりとした呼吸法です。

この呼吸法を授業で教えたのですが、キレるという子供たちは、どうしても浅い呼吸しかできません。「どうしてかな」と思い、体にふれながら教えようとしたところ、彼らの筋肉はガチガチに固まっていました。

胸をサラシなどできつく巻いたり、自分の腕で胸をきつく抱きしめるようにすると、ふだん私たちが行っている胸を使った呼吸すらできなくなり、きわめて浅い呼吸になります。キレるという子供たちは、常にこれと同じ状態で過ごしていたわけです。

キレるというと、精神的ストレスなどの心の問題と考えられているようです。もちろん、精神的にリラックスできていないのですが、そこには筋肉の緊張も存在していたのです。

子供たちは大人が思う以上に冷めています。話しかけても反応が鈍く、子供に相手にされていないのではと感じる親御さんもいるでしょう。

謡を披露する著者（右）。左は大鼓の大倉正之助さん

しかし、ご自分のことを思い出してみてください。喜怒哀楽の様子をあまり表現せず、常にクールな表情や態度をとるのは、ある年齢の子供の特徴の一つです。彼らは、何かを一生懸命やることがかっこう悪いと思っているのかもしれません。

能のワークショップでも、大きな声で謡（能の歌）を謡《うた》うと、最初はみんな冷めた日で私のことを見ます。それを気にしないで謡っていると、「クスクス」と笑うようになり、それも気にしないでさらに一生懸命に謡っていると、最終的には一生懸命さに根負けして真剣になってくれます。

能を舞う動きや謡を謡う声は、現代の私たちの生活とはかけ離れています。そのようなものに初めてふれたときに、人は驚いたり、あっけにとられたり、あるいはつまらなさそうな表情をしたり、笑ったりと、いろいろな反応を示すものです。

それがあたりまえなのですが、近ごろは似た反応を示す子供たちが多くなってきているような気がします。みな同じ反応というのは、何か不気味というか、不思議に思えてなりません。この現象にも、心や体の緊張とつながりがあるのではないでしょうか。

体の使い方を知らないから心が不安定なのか、心が不安定だから体の使い方がわからないのか、「卵が先かニワトリが先か」というような話で、正解はわかりません。しかし、いずれにしても、「体の使い方」がキーワードになっていることは間違いなさそうです。

脳神経システムが体を動かす

それでは、「体を動かす」とは、どのようなメカニズムから成立するのでしょうか。

人間の運動は脳によってコントロールされています。走るときには脳が「走れ」という命令を出して、さらに「こうやって筋肉を動かせ」「体の姿勢をこう保て」と指示を与えています。脳が出した命令は、神経を伝わって各筋肉に動かし方を指示します。この仕組みを「脳神経システム」といい表します。

体の使い方を知らないということは、この脳神経システムの問題でもあるわけです。こういう問題が発生するのは、運動をするための神経回路（仮に運動神経としておきます）が間違って形づくられたケースと、ストレスによって回路の流れが妨《さまた》げられているケースが考えられます。

運動神経が間違って形づくられると、練習すればするほど、また体の使い方を覚えれば覚えるほど、間違いが大きくなってしまいます。

鉛筆やはしの持ち方も運動の一つと考えた場合、最初に普通とは違う持ち方を身につけると、鉛筆やはしを使えば使うほど、その方法を体が覚え、正しいとされている持ち方ができなくなります。

走り方などは、誰に教わることなく自然に覚えるものです。学校で友達とふざけ合ったり、鬼ごっこをしたりしているうちに、自然と走り方を身につけ、速く走れるようになるのです。

ところが、近ごろは、子供によっては、前述のひざ下走りのように不思議な走り方になっています。

その走り方は最終的な結果で、その前には歩き方が、またその前には姿勢があるはずです。ですから、走り方を直そうと思った場合、脳が間違って覚えた姿勢からアプローチしなければなりません。

また、運動神経も神経の一種と考えれば、ストレスがあると命令伝達の流れが悪くなります。

試しに、子供に立った状態で前屈をさせてみてください。床に手が着くでしょうか。手のひらまでベッタリ着くでしょうか、指先だけでしょうか、それとも指先と床が一〇センチも二〇センチも離れているでしょうか。

次に、たたんだティッシュペーパーを二枚用意して、子供に左右両側の奥歯で噛ませ、同じように前屈をさせてみてください。先ほどより前屈が深くなっているはずです。

これが脳神経システムとストレスの関係です。これには次のような仮説が考えられています。

最初の前屈では、ふくらはぎやお尻の筋肉が緊張してストレスになり、浅い前屈になってしまいます。このとき、あごの筋肉も緊張していますが、もともとあごの筋肉

図 1-2　脳神経システムとストレスの関係

次にティッシュペーパーを左右の奥歯で噛んで前屈する

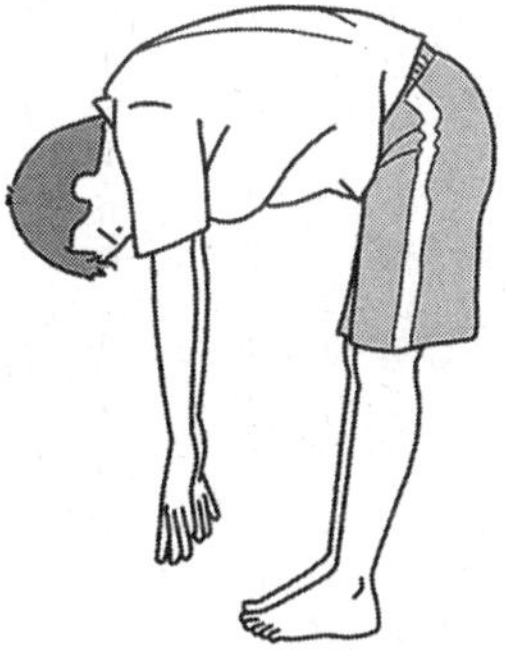

まず普通に立った状態で前屈をする

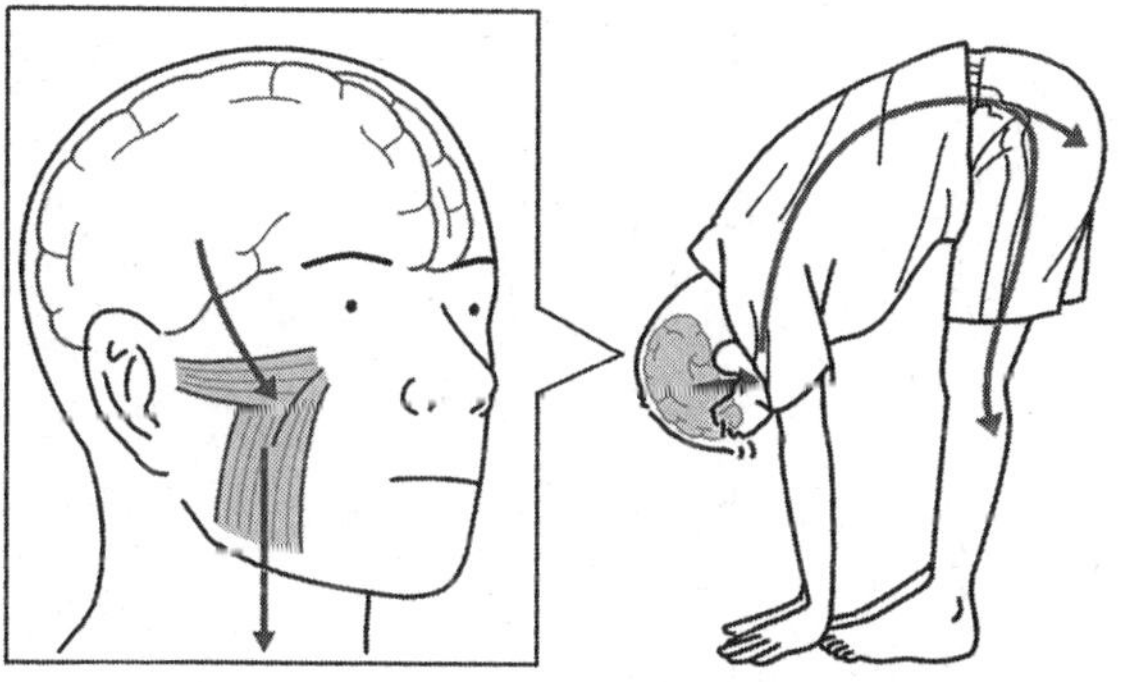

ティッシュを噛むことで緊張とストレスがあごの筋肉に伝わり、脳があごの筋肉をゆるめる命令を出す。その命令は全身にも伝わり、深く前屈できるようになる

の緊張は脳が気づきにくい場所なので、「ゆるめ」という命令が全身に伝わりません。ところが、ティッシュを噛むことで緊張とストレスがあごの筋肉に移ります。ここで脳が初めて「あっ、あごの緊張をゆるめなければ」と命令を出します。すると、命令は全身に伝わり、前屈するときに重要なふくらはぎやお尻の筋肉もストレスなしにゆるみ、前屈が深くなるというわけです（あくまでも仮説です）。ティッシュを使った方法は、脳に意識をさせてストレスを除く方法です。

このほかに脳をだましてストレスを除く方法もあります。

普通に前屈したあとに、壁などに手をふれた状態で前屈をすると、より深く前屈ができます。

最初の前屈は、筋肉の中にある筋紡錘《きんぼうすい》というセンサーが働いて、「これ以上、筋肉を伸ばしたら危険」という信号を脳に送ったために、脳が筋肉にストップをかけた状態です。

一方、壁にふれての前屈は、壁に手をふれることで、もう一つの位置情報が脳に伝わり、その結果、「だったらまだ筋肉を伸ばしても大丈夫だな」と判断して筋肉の緊張がゆるんだために深くなるのです（以上もまだ仮説です）。

このように、筋肉と脳神経システム、運動と脳神経システムは、きわめて密接な関係にあるのです。

神経システムは子供のうちにほぼ完成する

最近では、子供のためのさまざまな運動教室が開催されています。この傾向は、生活環境の面で外遊びがしにくくなったことと同時に、運動神経と年齢の関係についての理解が広がってきたこともその理由としてあげられるでしょう。

というのも、私たちの神経細胞のネットワークの形成は十歳前後をピークに、年齢が上がるほど衰えていくからです。

ひとくちに神経細胞のネットワークといっても、体を機能的に動かす神経、ものを考える神経、感情や心をコントロールする神経など、さまざまです。知識や教養は大人になっても変わらず身につけられますが、神経が介在する「センス」のようなものは子供のうちにほぼ出来上がってしまいます。

このことは、自転車を例にするとわかりやすいでしょう。子供のころに自転車に乗れるようになれば、その後、何年、何十年、自転車に乗らなかったとしても、体は自転車の「乗り方」を忘れていません。しかし、大人になって初めて自転車の練習をし

能の稽古を続けるうちに子供たちは姿勢も発声もよくなる

ても、乗れるようになるまでにかなりの時間が必要になります。

　鉄棒の逆上がりや、走ることも同じです。これらは体力や筋力が関係してくるので、大人になってうまくいかないこともあるかもしれません。しかし、筋力がなくなって逆上がりができなくとも、あるいは速く走れなくなったとしても、逆上がりの「やり方」や速く走る「走り方」は体（脳）が覚えているのです。

　能の稽古では、引率のお母さんやお父さんも子供たちといっしょに声を出したり、体を動かしたりしてもらいます。その発声や動作は、日常生活とはまったくかけ離れているといえるでしょう。ですから、大人も子供も、最初は条件はいっしょです。

ところが、何度か稽古をするうちに、大人と子供の動作に目に見えて差が現れてきました。子供たちにとってはすぐに覚えられるような動作でも、大人たちはなかなかできません。稽古をすればするほど、差はどんどん広がっていきます。

つまり、脳神経のネットワークをどんどん広げられる子供たちは、慣れない動作である能の動きもすぐに覚えられるのです。一方、脳神経システムがすでに完成している大人たちは、能の動きをなかなか覚えられなかったというわけです。

稽古を重ねるうちに、教室の子供たち全員が、まず姿勢がよくなり、それに伴うように正座や立てひざができるようになります。さらに、深い呼吸が身について、おなかから大きな声を出せるようにもなりました。そして、精神的にも落ち着き、話もしっかりと聞くことができるようになるのです。

子供たちの神経システムを整え、彼らが本来持っている心身の能力を引き出すカギは、能の動き、すなわち、「和の所作（身のこなし）」にあるかもしれないことを思い出したのです。

いまも能が興行として成り立つ理由

現在も、日本には能をはじめ歌舞伎、狂言、文楽、落語、浪曲、講談などといったさまざまな伝統芸能が残っています。これらは数百年の歴史と伝統を綿々と受け継ぎ、以前のまま、あるいは少しずつ形を変えながら現在に至っています。

なかでも能は、それまでのさまざまな芸能を集大成して誕生し、約六五〇年前の室町時代に完成したといわれています（これには異説もあります）。猿楽のスターだった観阿弥《かんあみ》が猿楽に曲舞《くせまい》をとり入れ、息子の世阿弥《ぜあみ》が芸術として磨き上げたものです。

能の誕生には、武士が深くかかわっています。室町時代初期には貴族政権の南朝、足利《あしかが》武士による北朝の政権が存在していました。武力という点では足利政権が圧倒的に有利でしたが、文化という点では武士は貴族には勝てません。そこで文化的にも貴族を圧倒しようと考えた足利三代将軍義満《よしみつ》が、世阿弥たちの能をバックアップしたのです。

能と武士の関係は江戸時代まで続き、江戸時代の三〇〇年間、能は武士のための正式な芸能として大切にされ、武士にとっての教養とまでされました。

能『道成寺』のワキを勤める著者。能が現在も興行として成立しているのには理由がある　（写真提供＝森田拾史郎）

江戸時代の武士は能を舞えること、能の歌である謡を謡えることが要求されたため、ほとんどすべての武士は能を学び、修練しました。士農工商の身分制度が厳しい時代にあって、能を教える能楽師たちは士《し》分《ぶん》、つまり武士として扱われたのです。

　当時の武士の人口は、総人口のほんの数パーセントにすぎませんでした。武士は日本の政治、経済、文化、軍事を担う階級として、強い身体性と高い精神性を要求されました。

武士は生まれてから死ぬまで、起きてから寝るまで、さらには寝ている間も「武士らしさ」が要求されます。立ち居振る舞いや言葉遣《づか》い、日課とすべき物事から声の出し方まで、「武士」というものを辱《はずかし》めてはいけません。もし恥ずかしい振る舞いがあったときには切腹となるわけですが、そこにもまた様式があり、武士らしさが要求されるのです。

現代からするとバカバカしく見える一つひとつのことが、すべて備わって、やっと武士なのです。その武士たちの身体性と精神性を養い、それを表現する芸能として、能は武士たちに尊ばれてきました。

このように、能は武士にとって神聖なものであるため、勝手にアレンジしたり、つくり替えたりすることはできませんでした。このことは、能が誕生から六五〇年もの間、一度も絶えることなく伝わってきた理由の一つといえるでしょう。

武士階級のみに許された能も、明治の文明開化によって、広く開放されることになりました。そして現代では、誰でも能を観ることができ、能を学ぶこともできます。能とはまったく関係のない立場にあった私が、能楽師になれたのもそのおかげです。

伝統と歴史があっても、ただ古いだけでは廃《すた》れてしまいます。二〇〇一年、能はユネスコの無形世界文化遺産に登録されました。しかし、「遺産」という言葉が持つ

「過去の遺物」というイメージとは違い、能は現在でも観客がお金を払って観る興行として成立しています。

世界にはさまざまな伝統芸能があり、そのなかには能よりも成立時期が古いものもあります。しかし、能が現在も興行として成立しているということは、世界の伝統芸能から見ると、驚異としかいいようがありません。

それは、能が「遺産」でもなければただの「古典」でもない、現代に通用する何かを持っているからなのです。

能楽師の驚異

私が能の世界に飛び込んだのは、二十代も後半のころでした。伝統芸能というと、親子代々に受け継がれる世襲制《せしゅうせい》が中心です。しかし、能はほかの伝統芸能に比べると自由というか、おおらかというか、私のように外の世界から飛び込んでくる者も少なくありません。

私はもともとロックが大好きで、高校時代にはピンクフロイドやＥＬＰ（エマーソン・レイク＆パーマー）など、プログレッシブ・ロックのバンドを組み、コンサート

鏑木岑男《かぶらぎみねお》師の響き渡る声は観客を圧倒する
（写真提供＝森田拾史郎）

にもしばしば出かけていました。

そんな私が能を学びたいと思ったのは、のちに私の師匠となる鏑木岑《かぶらぎみね》男《お》師の舞台がきっかけです。友人に誘われて出かけた能楽堂で、師の謡を聴いて度肝を抜かれたのです。

鏑木師の声は、ふだん耳にする人の声とはまったく違っていました。迫力はもちろん、その声が到達するところまで違いました。それまで聴いていた音楽にも感動はありましたが、鏑木師の声に接して初めて、魂の深部が揺り動かされるような感動を味わったのです。

そしてご縁があって入門の機会を得たわけですが、予備知識というものがまったくなかったため、毎日が驚きの連続でした。

どうにか入門して数カ月後、鏑木師のあとについて楽屋に通うようになりましたが、このときにもまた、驚きの体験をすることになりました。ある日、楽屋にいると、遠くの舞台で朗々と謡う声がビンビンと響いてきます。謡と鼓《つづみ》だけで演奏されているにもかかわらず、その声がまるで自分の体内で響いているような感覚に陥《おちい》ったのです。

聞けば、謡っているのは九十歳にもなろうという年齢の能楽師だといいます。九十歳といえば足腰も衰え、話す声も弱々しく、記憶力も落ちているのが普通です。それが、これほど力強い声で謡うとは信じられませんでした。

世間では六十歳で定年を迎えるのが一般的ですが、能の世界では六十歳でやっと中堅、それからが働き盛りです。そういう目で見ると、能の世界には七十〜八十代の諸先輩方が、あたりまえのように舞台を勤めています。

和の所作に隠された秘密

なぜ能楽師は高齢になっても現役でいられるのか――深い疑問を抱いたまま、私は稽古を続けていました。そして、能の稽古とは別の視点から体の使い方に興味を持ち、いろいろと勉強をしていくなかで、ロルフィングというボディワークと出会いました。

ボディワークという言葉も、日本ではあまりなじみがありませんが、簡単にいうと体を整えるさまざまな技法の総称です。マッサージや整体、ヨガ、ピラティスもボディワークの一種といえばわかりやすいでしょう。

ロルフィングは、一九五〇年代にアメリカで生まれました。主にスポーツ選手やダンサー、俳優、音楽家などに愛好されていて、それぞれのパフォーマンス（行動）を高めることをめざしています。体のバランスを整えることを目的にしているので、一般の方の体の不調を軽減するのにも役立ちます。

ただし、マッサージなどとは違い、施術《せじゅつ》を受ける側もロルフィングに参加して、体の使い方を意識して体のバランスを整えていくのが特徴です。

このロルフィングを勉強することによって、能楽師の驚異の秘密を知る糸口が見えてきました。芸能とボディワークという違いはありますが、両者の間には、人の体の動きについての重要な共通点があったのです。

ロルフィングでは「体のバランス」と「深層筋の働き」を重要視しています。このロルフィングの考え方を通して能を見ると、能楽師は稽古を通していつの間にか深層筋を活性化させ、体のバランスを整えていることがわかりました。

深層筋とは、体の奥深くにある筋肉で、ふだんの生活ではさわることはもちろん、その存在さえ意識するのも簡単ではありません。したがって、日常生活ではほとんど使われていない筋肉といえます。（くわしくは四四ページを参照）。

しかしながら、深層筋は私たちの体を動かすのにとても重要な筋肉です。たとえば、まっすぐな姿勢をとるのにも、安定した動きを生み出すときにも深層筋の働きが欠かせません。

能が、この深層筋群によって生み出される姿勢、動き、そして発声によって舞われるものと仮定すると、能楽師が高齢になっても現役を続けられることに納得がいきます。

能の舞台では、能楽師は正座や下居《したい》など座った状態から立ち上がり、すり足で移動して「カケル」や「ネジル」などの方法で向きを変えます。また、足拍子を打ったり、「サシ込ミ」や「開キ」といった動作を行ったりします。これらの動きの一つひとつのなかに、さまざまな深層筋が巧みに使われているのです。

もちろん、能では「深層筋を使え」などということはいいません。しかし、稽古の過程で、知らず知らずのうちに深層筋群が活性化され、体の「芯《しん》」への意識が開発されていくのです。

和の所作の秘密とは、体の芯に潜む深層筋を活性化することだったのです。

和の所作は体の癖も正す

能の動きが深層筋を活性化することに気づいたのち、さまざまな人の話をうかがううちに、私は能の動きのもう一つ重要な働きに気づきました。それは、能の動き、すなわち、和の所作は、体の癖を正すということです。

外国の漫画では、日本人はよく猫背で描かれています。これは、彼らから見て、自分たちと最も違う身体的な特徴だからでしょう。つまり、外国、とくに欧米には、猫背の人が圧倒的に少ないということです。

猫背の原因のひとつは、肩甲骨《けんこうこつ》の前側から肋骨《ろっこつ》についている小胸筋《しょうきょうきん》という筋肉にあります。実際、外国人のボディワークのインストラクターは、日本人の小胸筋が異常に緊張して硬くなっていることに驚きます。

小胸筋が緊張すると、肩の上部が前に引っぱられて猫背になります。そうなると当然、首や肩の後ろ側の筋肉が引っぱられるので、首や肩のこりが発生します。

また、小胸筋が緊張すると胸が狭まり、呼吸も浅くなります。呼吸が浅くなると体の中のエネルギー効率が悪くなるので、体力や気力がなくなり、健康上のさまざまな

図 1-3 緊張すると猫背を誘発する小胸筋

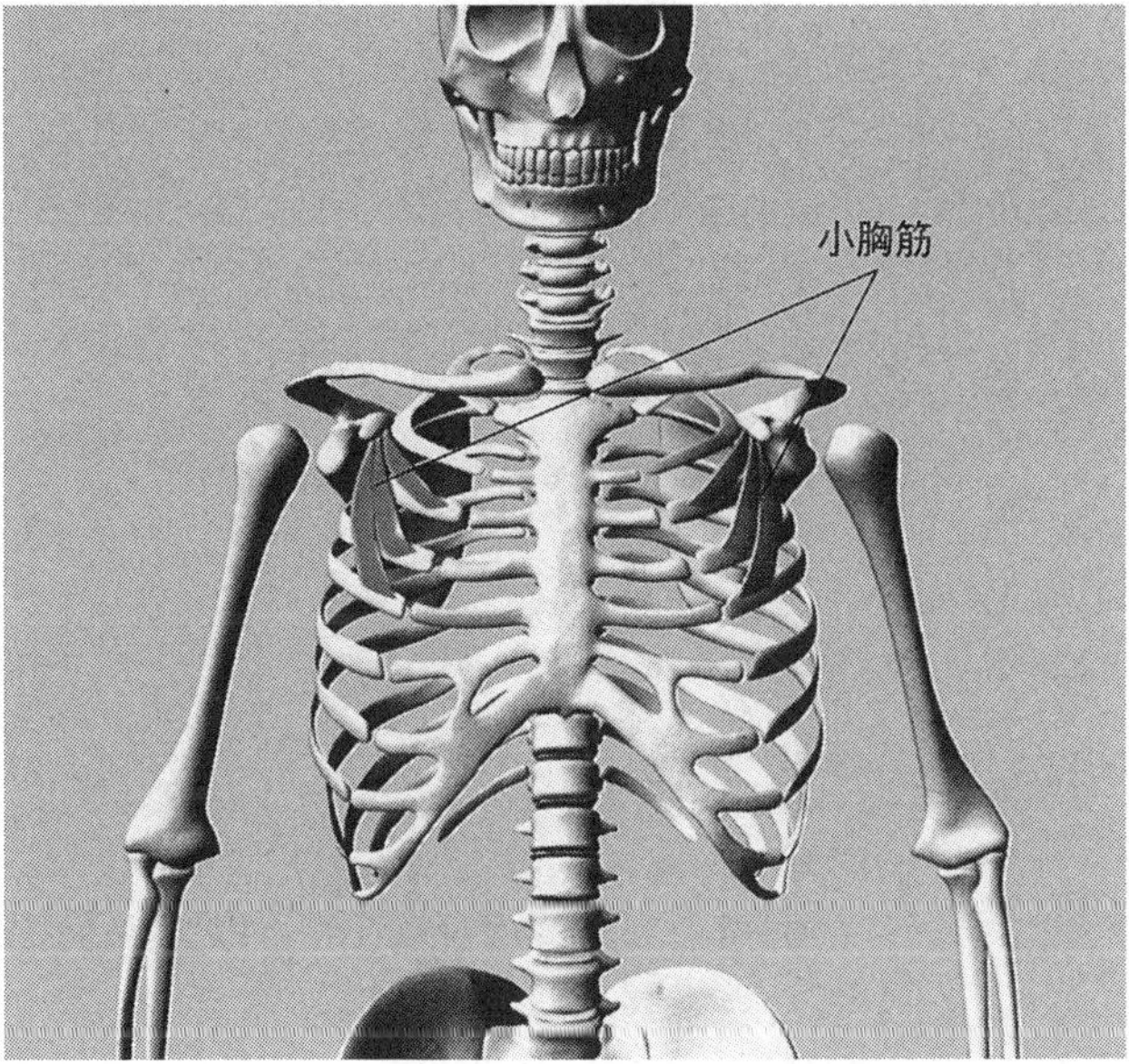

トラブルが引き起こされます。

日本語には昔から「肩身が狭い」という言葉があります。これはまさに小胸筋の緊張を表した言葉で、しかもただ肩が狭いだけでなく、肩の部分の「身」、つまり深層筋である小胸筋が狭くなって肩が身に入り込んでしまう苦しい状態をいい表しています。肩身が狭いのが日本人の特徴ですが、肩身が狭くては能は舞えません。能には開いた体が不可欠です。

能楽師、シテ方観世流《かたかんぜりゅう》の津村禮次郎《つむられいじろう》師は、「能の稽古で最初にすることは、癖を取ることだ」といいます。能楽師はさまざまな役を演じる必要があるため、体に癖があると、演じる役の可能性を減らしてしまうからです。

津村師はまず、「体の水平化が求められる」といいます。さらに能楽師には、津村師のいうところの「木彫りの能面を支える体」、すなわち、垂直な体、真っ直ぐな体も求められます。つまり、自分の顔の前にもう一つの顔である面をつけるための身体技法が要求されるのです。

面を下に向けるように顔を伏せることを、能では「クモル」といいます。主に悲しいときの表情ですが、もし猫背の人が能面をつけると、常に面はクモって悲しい表情になります。悲しみしか表現ができなければ、演技の可能性は狭くなりすぎます。そ

みごとな水平・垂直の姿勢で舞う津村禮次郎師の舞台

の可能性を広げるためにも、癖のない体、水平・垂直の体が必要なのです。

癖を取る二つめの方法は、深層筋を活性化することです。いい換えると、癖が深層筋の活性化を妨《さまた》げているのです。

足を上げるときに重要な筋肉は、大腰筋《だいようきん》と呼ばれる深層筋ですが、普通に足を上げようとすると、どうしても太ももの表層にある大腿四頭筋《だいたいしとうきん》などを使ってしまいます。これは、体が癖としてその動きを覚えてしまっているからです。

癖をなくし深層筋を使うには、わずかな動きである「サトル・ムーブメント」と、わずかな感覚を感じ取る「サトル感覚」が必要です。サトルとは「微妙な」や「繊細な」という意味で、能はすり足など、日常にはない静かな動き、わずかな動きを使います。

このように能の稽古は、深層筋を活性化してクセをなくす、かっこうのエクササイズなのです。ただし、能の体得には数十年の稽古が求められます。その点、ロルフィングは、能の身体技法を使って深層筋を活性化する効率的な方法として有効といえるでしょう。

ロルフィングの手法によって新たな身体の可能性に気づいたら、ご近所やカルチャーセンターなどで教室を探して、ぜひ能の稽古にも挑戦してみてください。

【第二章】深層筋の働きと呼吸

表層筋と深層筋

第一章で、表層筋と深層筋という言葉が登場しました。そして、高齢になっても能楽師が現役でいられる秘密は、このうちの深層筋にあったことを説明しました。本章では、まず表層筋と深層筋について、もう少しくわしくお話をしたいと思います。

表層筋も深層筋も、私たちの体を構成している筋肉という点では違いはありません。ただし、体のどこにあって、どのような働きをしているかという点で大きな違いがあります。

表層筋は、読んで字のごとく、体の表面近くにある筋肉です。代表的な表層筋の名前をあげると、胸にある大胸筋《だいきょうきん》、おなかにある腹直筋《ふくちょくきん》（いわゆる腹筋《ふっきん》）、腕の力こぶである上腕二頭筋《じょうわんにとうきん》、太ももの前側にある大腿四頭筋《だいたいしとうきん》などがあります。

いずれも体や関節を動かすときに使われる筋肉で、ウエイトトレーニングなどで鍛えやすいのが特徴です。見た目で量がふえたことがわかるので、鍛えがいのある筋肉ともいえるでしょう。

一方、深層筋は体の奥のほうにある筋肉です。筋肉はいくつかの層になっており、そのなかでいちばん奥、つまり体の芯に近い部分にあるのが深層筋です。深層筋の代表的なものには、肩甲骨の奥にある菱形筋《りょうけいきん》、肋骨《ろっこつ》の近くにある小胸筋《しょうきょうきん》、太ももの内側にある内転筋群《ないてんきんぐん》、背骨の下のほうから股関節《こかんせつ》の内側に伸びる大腰筋などがあげられます。

深層筋は、安定した姿勢を維持し、動作の基本的な部分を担っています。安静にしているときも、動作をするときもバランスを保持する役割を果たすのです。

これら深層筋は、体の奥深いところに位置するため、その存在を意識することがむずかしく、ウエイトトレーニングで鍛えるのも容易ではありません。なんらかの方法で鍛えたとしても、筋肉の量が飛躍的にふえるわけではないので、見た目では確かめることもできません。そのため、「鍛える」という言葉はなじまず、エクササイズによって「活性化する」あるいは「使えるようにする」という言葉が当てはまる筋肉といえるでしょう。

能楽師や、能の動きを日常の立ち居振る舞いにとり入れてきた武士は、活性化された深層筋を持ち、深層筋を使うことに長《た》けた人々といえます。とくに武士は、能を作法の一つとしていた以外にも、どうしても深層筋を使わなくてはならない理由がありました。それは、彼らが腰の左側に大小二本の刀を差していたからです。

図 2-1 体の表面近くにある主な表層筋

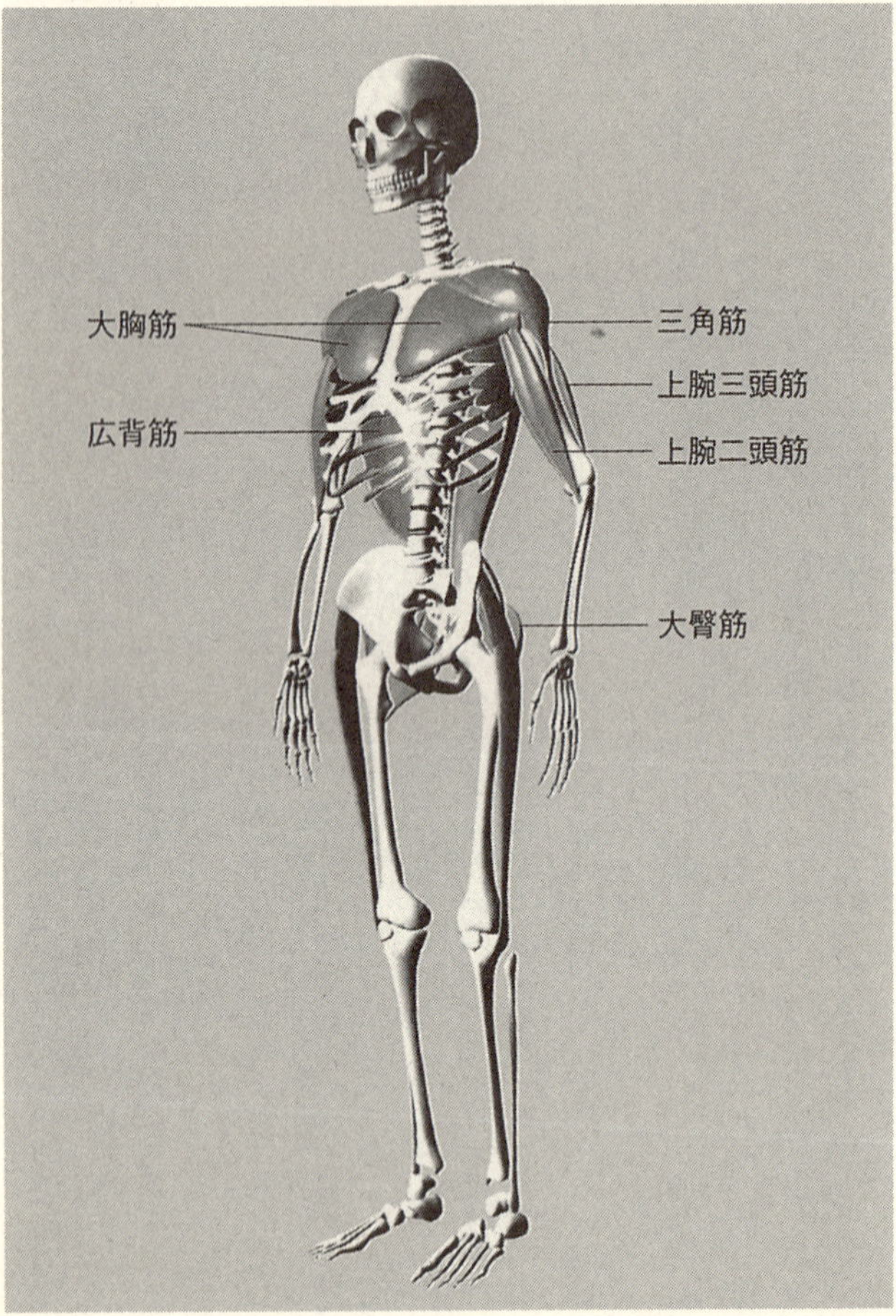

図 2-2 体の奥深いところにある主な深層筋

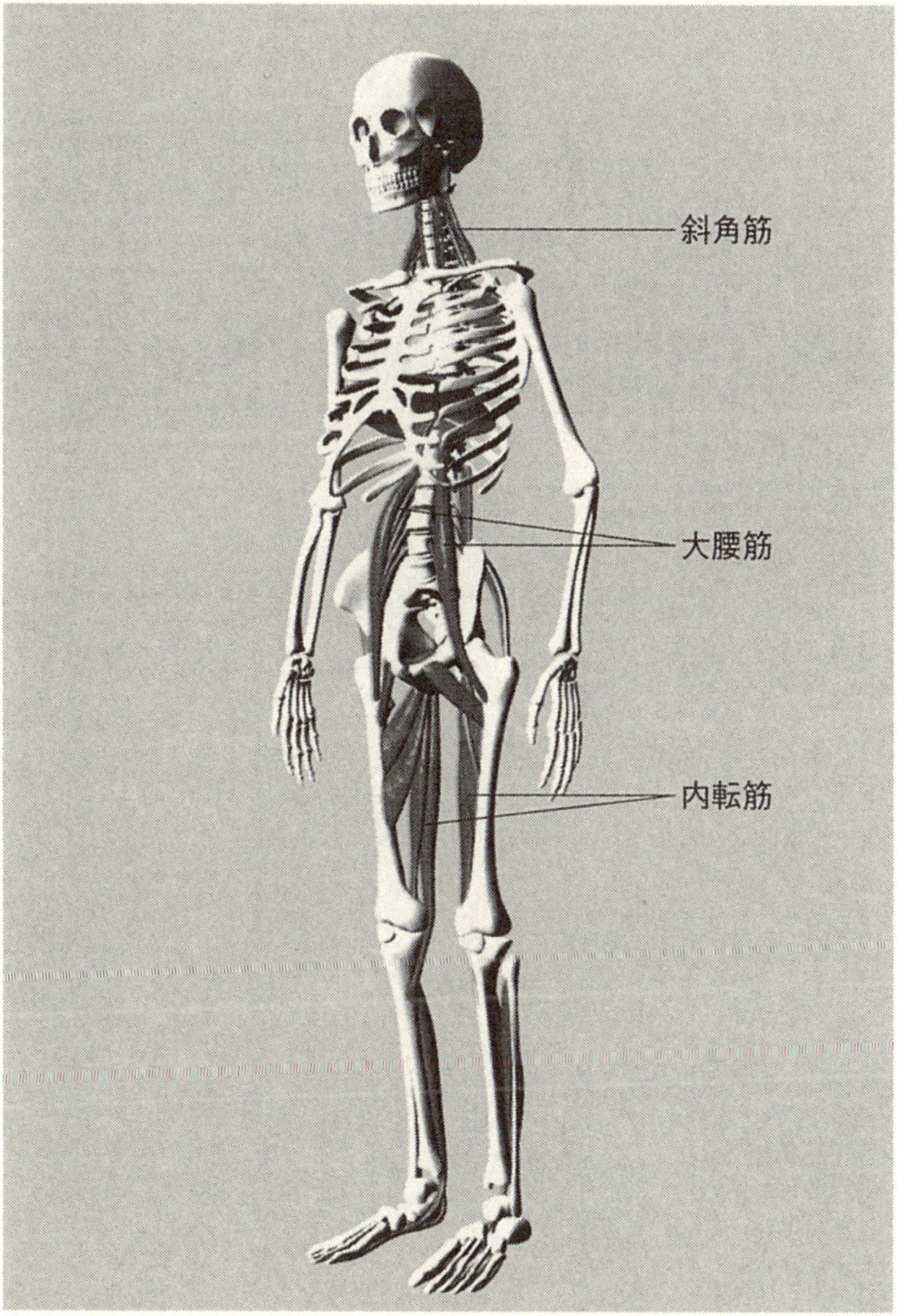

重い刀を2本も差して歩くには深層筋を使ったすり足が必要

刀は、長さによって差はあるものの、一本の重さが七五〇～一五〇〇グラムあります。武士が誕生した鎌倉時代から、彼らはこの重い刀を二本も差して生活をしなければなりませんでした。そのために、すり足などの深層筋を使った動作をしていたのです。

もし、深層筋を深い眠りの中に置き去りにしている現代の日本人が、重い二本の刀を腰に差して生活をしたらどうなるでしょう。あっという間に腰痛を起こし、若いうちに足腰が立たなくなるはずです。

こうしたことからも、体を動かすという点において、深層筋がいかに重要なものであるかが理解できるでしょう。

ところで、日本の武術では、「柔よく剛を制す」の言葉どおり、力を抜くことを極《ご》意《い》、秘《ひ》訣《けつ》としてきました。剣豪宮本武蔵《みやもとむさし》も力を抜くことの重要性を述べています。

一方、能の稽古では、いろいろな場面で「腹に力を入れろ」といわれます。そこで腹に力を入れて舞うと、今度は「力むな。力を抜け」と怒鳴られます。内心で「力を入れろっていったじゃないか」と思うものの、どうしたらよいのかわかりません。

どうやって力まずに腹に力を入れるかは誰も教えてなどくれません。とにかくどうすればよいのか、最初はまったくわかりません。しかし、試行錯誤をくり返しているうちに、おなかの表面にある筋肉、つまり表層筋を力ませることなく、体の奥にある深層筋群だけに力を入れられるように自然になっていくのです。

大腰筋を活性化せよ

さて、正しい動作を身につけ、ひいては運動能力や集中力を高めるためには、深層筋の活性化が欠かせないことはわかりました。それでは、数ある深層筋のなかでも、とくにどの筋肉を活性化すればよいのか、といえば、まずは大腰筋です。なぜなら、大腰筋は上半身と下半身を結ぶ筋肉だからです。

私たちの上半身と下半身は、骨で考えると、背骨と骨盤で結ばれていますが、筋肉でいえば、上半身と下半身は大腰筋によって結ばれているのです。

大腰筋は背中のやや下、腰椎《ようつい》（背骨の腰の部分）の両側から出て、腹部内臓と骨盤の間を通り、大腿骨《だいたいこつ》（太ももの骨）のつけ根の小転子《しょうてんし》というところまで伸びています（出発点は胸椎《きょうつい》の一部も含みます）。私たちの体の筋肉で、上半身と下半身にまたがっているのは大腰筋だけです。それだけ長いうえに太く、姿勢をつくる最も重要な筋肉なのです。

大腰筋は体の最も深い部分にあるため、さわりにくく意識しにくい深層筋です。それでも、ちょっとしたコツを使えばさわることができます。自分の体の仕組みの一部を知るためにも、大腰筋を一度さわってみてください。

大腰筋にさわるには、あおむけになって、両ひざを立てます。そして、へそと腰骨の出っぱりのちょうど中間に人さし指と中指を置いて、息を吐きながら背骨の方向に向かって指を沈めていきます。

これをくり返すと、深いところに筋肉を感じるはずです。筋肉を感じたら、足の裏を床に着けたまま、ひざをほんの少し頭のほうに引き上げます。このとき、指先に感

図 2-3 上半身と下半身を結ぶ大腰筋

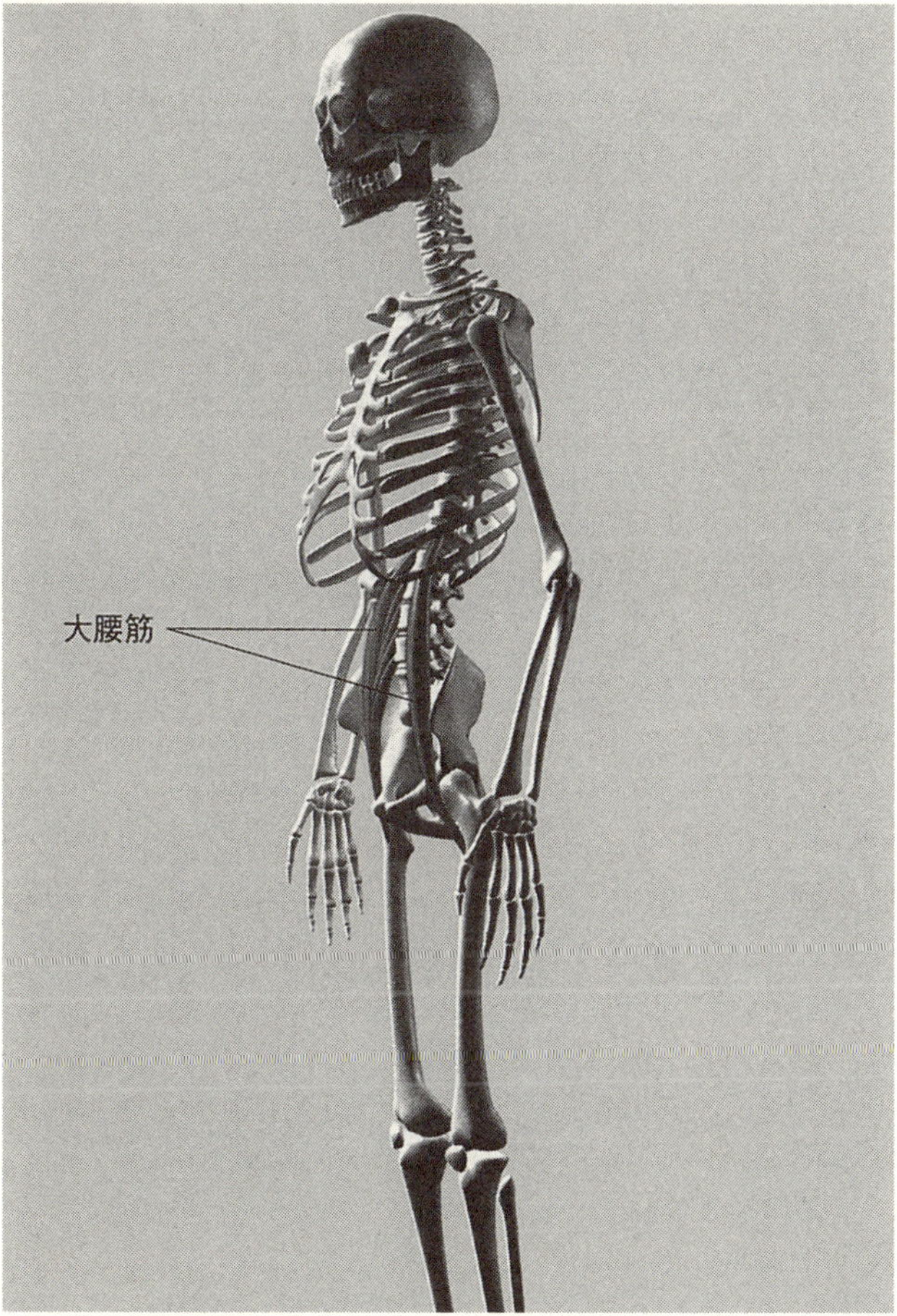

じた筋肉が硬くなるのがわかります。その硬くなった筋肉が大腰筋です。

大腰筋には、

❶太ももを上げる

❷上体を起こす

❸背骨を支える

❹骨盤のバランスを整える

という四つの基本的な働きがあります。

ところが、悲しいことに、大腰筋は最も太くて最も使われていないという、不名誉な扱いを受けている筋肉でもあります。

大腰筋の働きの一つ、太ももを上げる働きを例にとっても、いかに使われていないかがわかります。太ももを上げる筋肉は大腰筋を含めて全部で九つあります。そして、そのほとんどが表層筋なので、私たちはふだん、意識しやすい表層筋ばかりを使って足を上げているのです。

ところが、解剖学的には、太ももを上げるメインの筋肉は大腰筋で、そのほかの筋肉は大腰筋を助けるサブの筋肉なのです。メインの筋肉を使わないでサブの筋肉ばかりを使うと、日常生活ではとくに問題はないものの、運動会で走ったり、電車に乗り遅れそうになって階段を駆け上がったりなど、さまざまな「いざ」というときに、足が上がらなかったりひどく疲れたりするなどの問題につながります。

では、大腰筋を活性化させるとどうなるのでしょう。その答えの範囲は広すぎるのですが、簡単にいうと、大腰筋の働きに関する動作がすべて、より大きく、より楽に、よりスムーズに行えるようになります。足を上げる動作、体を沈ませる動作、体を安定させる動作などなど限りがありません。

しかも、大腰筋は上半身と下半身をつなぐという特別な位置にあるため、体にあるすべての深層筋の中心的な存在でもあります。

深層筋は、上半身なら耳の後ろの部分やあごの部分、肩や背中、胸の部分、下半身なら太もも、ふくらはぎの部分と、全身の深層にあります。これらの筋肉を機能的に結びつけ、その働きのバランスをとっているのが、上半身と下半身の橋渡しをしている大腰筋なのです。

したがって、大腰筋を活性化することは、全身の深層筋を目覚めさせることにもなります。このことで、従来とはまったく違った体の使い方、疲れを感じにくい動作、ストレスを感じない動きが可能になるのです。

ちなみに、人間のものでなければ、大腰筋は簡単に見ることも、買って食べることもできます。実は、スーパーの食肉売り場に並んでいる「ヒレ肉」は、ブタやウシの大腰筋なのです。これからはスーパーやトンカツ屋でヒレ肉を目にしたときは、「これが大腰筋なのか」と観察するのもおもしろいかもしれません。

トップアスリートはみな大腰筋を使っている

大腰筋はここ数年、スポーツや健康の観点から注目されている筋肉です。しかし、大腰筋の存在と重要性は、かなり昔から知られていました。

古いものでは、約三千年前に書かれた（といわれている）古代中国の書物で、儒教《じゅきょう》の基本テキストの筆頭にあげられる『易経《えききょう》』にも大腰筋のことらしき記述があります。

また、一九五〇年代に生まれたロルフィングというボディワークでは、成立当初から大腰筋が重要視されています。

日本で大腰筋が注目され始めたのは、二〇〇一年のことです。NHKのテレビ番組で、茨城県の大洋村《たいようむら》（現・鉾田市《ほこたし》）と筑波大学大学院の久野譜也《くのしんや》助教授が行った「寝たきり予防プロジェクト」が放映されたのがきっかけでした。

このプロジェクトによって、大腰筋の太さは寝たきりと関係があることや、大腰筋を活性化させることで腰痛、肥満、胃弱、肩こり、高血圧などの改善にも役立つことがわかったのです。

久野助教授が大腰筋に興味を持ったきっかけは、トップアスリートの研究だったといいます。

久野助教授は、一九九二年に行われたバルセロナオリンピックで陸上四〇〇メートルのファイナリストとなった高野進選手の筋肉を、MRI（磁気共鳴画像装置）で撮影し、筑波大学の陸上部の選手と比較しました。すると、ほかの筋肉にはさほど違いはなかったものの、高野選手の大腰筋の量が、学生の大腰筋に比べて二倍以上もあったのです。

このことで、スポーツ界でも大腰筋が大きな注目を浴びるようになりました。

その高野選手が指導者となって育てたのが、日本陸上界のスーパースター、末続《すえつぐ》慎《しん》吾《ご》選手です。末続選手は二〇〇三年にパリで行われた世界陸上二〇〇メートルで、日本人としては初の銅メダルを獲得したことで知られています。

末続選手は高野コーチの指導のもと、武士の歩き方や飛脚の走り方に見られる「ナンバ」と呼ばれる動きをとり入れています。また、さまざまな方面から末続選手の走法が研究され、独特の方法で大腰筋を使っていると考えられています。末続選手は、大腰筋に張力を溜めに溜めたところでパッと大腰筋を収縮させ、太ももを一気に振り出しているのだそうです。

走るという動作からは、下半身に注目しがちですが、百分の一秒を争うトップアスリートの場合、上半身や腕、ひざから下の動きにも微妙なバランスが求められます。大腰筋を上手に使い、足を上げるという一つの動きだけでなく、全身のバランスを使って走れるからこそ、末続選手は世界的なアスリートの地位を獲得できたのでしょう。

末続選手の例でもわかるように、大腰筋は走る、歩く、蹴るなどの足を使った動きだけをつかさどるわけではありません。ほかの深層筋と連動することで、投げる、打つ、跳ぶなどの、ほとんどのスポーツの動きに関連しているのです。

静かな動きをする能楽師と、トップアスリートの共通点は大腰筋だったのです。

現代人は呼吸のリセットが必要

ここで、大腰筋の活性化に関連した重要な項目として、呼吸についてもふれておきましょう。

私たちは呼吸をすることで生命を維持しています。息を吸って酸素を体内にとり入れ、息を吐くことで二酸化炭素を排出し、常に体を活性化しています。したがって、酸素をたくさんとり入れ、二酸化炭素をたくさん排出する呼吸ができれば、たくさんのエネルギーや活力がわいてきて、それだけいきいきとした生命活動が行えるというわけです。

ところが、現代に生きる私たちを取り巻く環境には、呼吸を浅くする要因がたくさんあります。

まずはコンピュータの普及です。コンピュータといっても仕事で使うパソコンもあれば、子供たちが（大人も）遊ぶコンピュータゲーム、携帯電話もコンピュータ化が進んでいます。

これらに共通していることは、扱うときには知らず知らずのうちに顔が前に出て背中が曲がる、いわゆる猫背の姿勢になることです。

ここで、実際に猫背になって呼吸をしてみてください。深くてゆったりとした呼吸がしにくいことに気づくと思います。浅くて速い呼吸しかできません。

意識して深い呼吸をしようとしてもできないのですから、コンピュータの画面に集中して無意識に呼吸をしているときは、当然、浅くて速い呼吸をしているわけです。それが何十分も、ひどいときには何時間も続くのですから、よほど意識をしないと、いきいきとしているのは至難のわざです。

また、現代社会の人間関係も呼吸を浅くする原因の一つです。「息がつまる」という言葉は比喩《ひゆ》でもなんでもなく、そんな状況に置かれた人間は、実際に息がつまって呼吸が浅くなっているのです。

重苦しい雰囲気の会議で、苦手な人といっしょにいるとき、荒れた雰囲気の教室で、きらいなクラスメイトといっしょにいるとき――そんなときは呼吸が浅くなり、極端なケースでは呼吸が止まって気絶することもあります。

呼吸が浅くなると、肩や首、背中の筋肉が緊張します。すると「あの人といると肩がこる」となるわけです。

このように、呼吸は実に微妙なものですが、それをうまく利用しているのがセールスマンです。セールスマンの話し方は、一様に早口です。セールスマンにまくし立てられているとき、あるいは早口の友人としゃべっているときに、自分の呼吸を気にしてみてください。

相手が早口の場合、私たちの呼吸はとても浅くなっているか、場合によっては止まっていることすらあります。呼吸が浅くなればとり入れる酸素の量が少なくなり、脳に回る酸素も足りなくなります。すると、思考能力が鈍り、相手がセールスマンの場合、不要な物までついつい買ってしまう可能性があります。

　生きるため、そして日常生活をいきいきと元気に過ごすため、現代人は呼吸を一度リセットする必要があるのです。

深層筋と「息の長さ」

「息が長い」という言葉があります。いうまでもなく、これは、実際の呼吸で息を長い時間吸って、長い時間吐いていられることだけを表しているわけではありません。

　この言葉が使われるのは、現役を長く続けられる人に対してです。たとえば、プロ野球・西武の工藤《くどう》公康《きみやす》投手は一九六三年生まれですが、いまだにマウンドに立ち続けています。メジャーリーグの速球王であるランディ・ジョンソン投手も工藤選手と同じ年齢で、二〇一〇年一月まで現役でした。サッカーの三浦《みうら》和良《かずよし》選手やゴルフの杉原《すぎはら》輝雄《てるお》プロ（一九三七年生まれ）などなど、同年代の選手が引退するなか、まだまだ現役のプレーヤーを続けています。能楽師にいたっては、七十歳、八十歳でも現役の方々がたくさんいます。

　能楽師の諸先輩方はもちろん、スポーツ界で長く現役を続けている選手たちは、まさに深くてゆったりとした呼吸をしているのでしょう。
「息が長い」というのは、単なる比喩ではないような気がします。

では、そもそも呼吸とはどのようにして行われているのでしょうか。呼吸のメカニズムについては、勘違いをしている人が意外と多いかもしれません。

呼吸は肺によって行われますが、肺は心臓などと違って、それ自身が膨《ふく》らんだり縮んだりはできません。そこで、肺を動かすポンプが必要になります。そのポンプの役割をするのが、胸郭《きょうかく》(肋骨などの胸部をおおっている骨格)とその周辺についている筋肉群です。

胸郭の周辺の筋肉群を「呼吸筋」と呼びます。この呼吸筋が伸びたり縮んだりして胸郭が大きくなったり小さくなったりし、さらにそれがポンプの役割を果たして肺を動かしているのです。

呼吸筋の多くは深層筋です。つまり、深くてゆったりとした呼吸は、活性化された深層筋によって可能になるのです。

しかし、ここでちょっと問題があります。すでに述べたように、筋肉はいくつもの層になっています。したがって、そのいちばん奥にある深層筋は、その外側の筋肉や、さらにいちばん外側の表層筋に取り囲まれています。

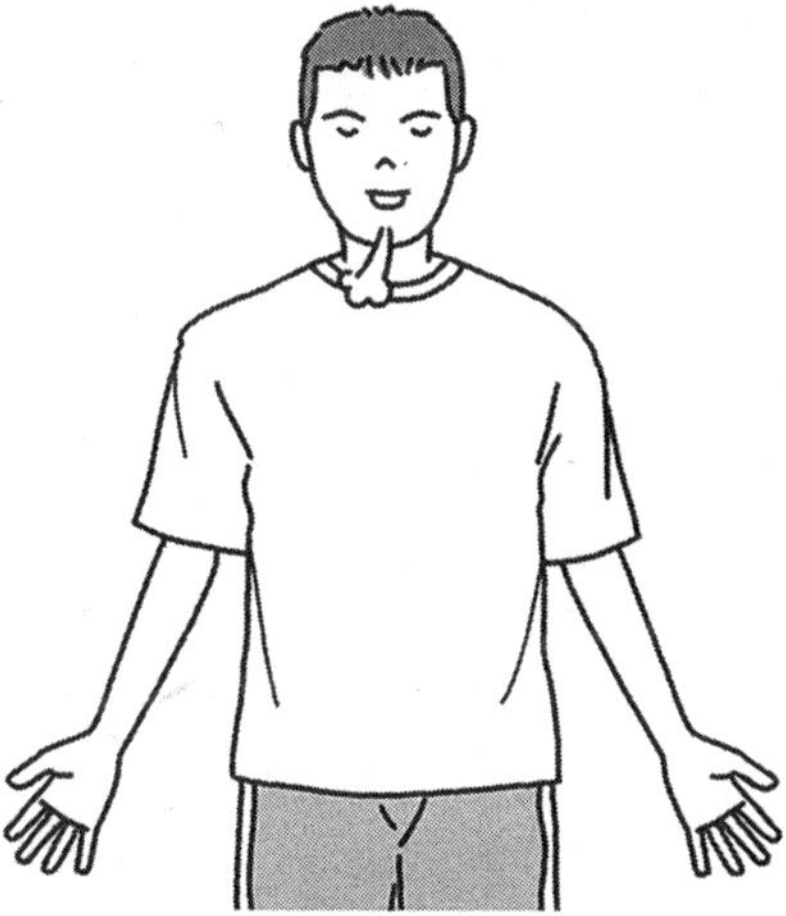

深い呼吸は深層筋の活性化に直結している

そのため、表層筋がガチガチに固まっていると、深層筋である呼吸筋が自由に動けません。このような状態では、いくら深い呼吸をしようとしても思うようにいかず、浅い呼吸になってしまうのです。

ところが、矛盾するようですが、**呼吸には筋肉を緊張から解放する働きがある**といわれています。この点のメカニズムはまだ解明されていないのですが、どうやら酸素の働きと神経システムの働きに関係があるようです。

寝不足で呼吸が浅くなると、足がつりやすくなります。これは筋肉に酸素がいきわたっていないからです。このとき、深い呼吸をして酸素を補給すると、筋肉の緊張が解け、**足もつりにくくなります。**

また、深くてゆったりとした呼吸は、自律神経（意志とは無関係に内臓や血管の働きを支配している神経）のうちの副交感神経を活性化し、その働きによって筋肉の緊張がゆるむようです。この場合、ゆるむのは表層筋ですが、表層筋の緊張が解ければ、深層筋も活性化しやすくなり、その結果、深くてゆったりとした呼吸を手に入れることができます。すると、心身ともにリラックスでき、さらに深い呼吸ができるという、理想的なサイクルになっていくわけです。

このように、深層筋と深い呼吸は、互いに影響し合い、私たちをより「息の長い」人間にしてくれるのです。

いよいよ次章からは、具体的なトレーニング法を紹介します。深層筋を活性化する方法については第三章と第四章で、深い呼吸を体得する方法については第五章でふれています。いずれのトレーニング法も、子供はもちろん、大人にも応用できるものです。ぜひ、親子そろって楽しみながら実行してください。

【第三章】姿勢を整える「和の所作」

すべての基本は姿勢から

本章では、正しい姿勢を身につけるための「和の所作（身のこなし）」を紹介します。能の大成者といわれる世阿弥の父・観阿弥の言葉を記した『風姿花伝《ふうしかでん》』に、次のようなことが書かれています。

「一切は、陰陽《いんよう》の和《か》するところの境を成就《じょうじゅ》とは知るべし」

観阿弥は、陰陽の和合の境界こそがすべての成就の元だといっています。陰と陽の二つの要素ですべてを分類しようというのは、東洋的哲学の基本です。

たとえば、人間には陽の男性と陰である女性がいます。つまり、陽は「動」で、陰は「静」です。数でいえば、陽は奇数で、陰は偶数になります。そのため、お祝い事には陽の数の金額を包み、不幸のさいには陰の数の金額を包みます。

同様に、私たちの体にも陰と陽はあります。私は自著で「背」と「腹」というメタファー（隠喩《いんゆ》）を使いましたが、その場合は、「背」は陽で、「腹」が陰になります。陰陽、つまり背中側の筋肉群とお腹側の筋肉群のバランスがとれているのが理想です。その中心には芯が必要で、芯にさまざまな形でついている筋肉が正しく配置されてい

図 3-1 バランスのとれた正しい姿勢

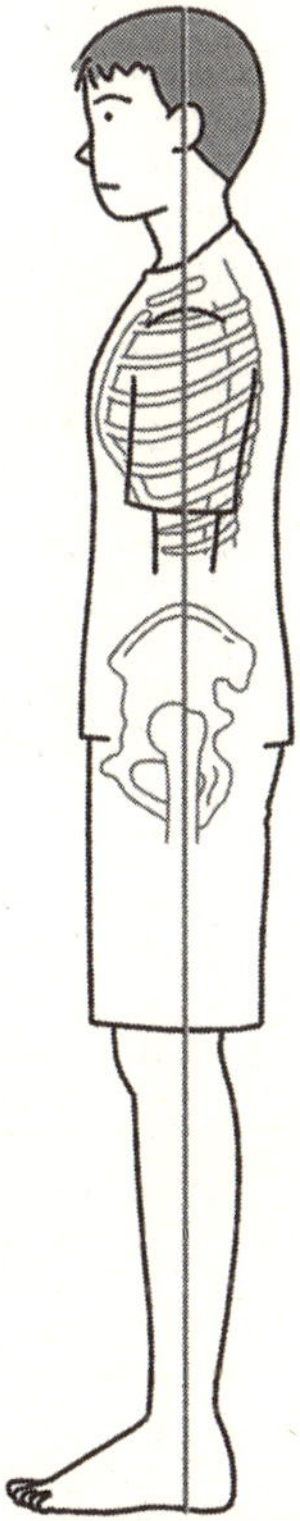

頭頂、耳、肩、肋骨、骨盤、脚部が、横から見て一直線上に並んでいるのが理想的な姿勢

れば、バランスがとれている姿勢ということができます。よく耳にする「あの人は一本、芯が通っている」という言葉は、この姿勢のことを表しています。

ただし、体の芯は一直線ではありません。私たちの体は出っぱったりへこんだりしています。その凹凸《おうとつ》な体の中心である芯は、背骨を見てもわかるように美しい曲線を描いています。

姿勢のバランスがとれているかどうかを目で確認するには、頭頂、耳、肩、肋骨《ろっこつ》、骨盤、脚部が、横から見て一直線上に並んでいるかどうかでチェックします。これらが一直線に並んでいれば、バランスのとれた姿勢といえ、バランスのとれた姿勢からすべての美しく効率的な動きが生まれるのです。

明治維新は姿勢が決め手だった？

理想の姿勢とは、陽の「背」と陰の「腹」のバランスがとれた状態を指します。しかし、実際には、そのような理想の姿勢をしている人はまずいません。ほとんどの人は、「背」が優勢、あるいは「腹」が優勢の姿勢をしています。

では、あなたはどちらのタイプでしょう。デジタルカメラでご家族やお子さんと、立った姿勢の写真を横から撮り合ってみてください。背中が丸まった猫タイプの姿勢は「腹」、すなわち、陰が優勢、胸が張ったフラミンゴタイプの姿勢は「背」、すなわち、陽が優勢です。

ただし、姿勢のタイプは時と状況によって変わります。部下の前ではフラミンゴタイプでも、上司の前に出ると猫タイプに変わる人もいるでしょう。ふだんは居丈高な人が、幼児の前では猫タイプになることもあります。もっと長い周期で変わることもあります。何をやってもうまくいかない時期は猫タイプの姿勢になりがちですが、調子がよくなったら急にフラミンゴタイプになることもあります。

時と状況によって姿勢が変わるのは重要なことで、姿勢が変わらないとしたら、そのほうが問題です。

どちらかといえば、日本人は猫タイプの姿勢の人が多いようです。というよりも、猫タイプの姿勢、つまり猫背の姿勢が日本人の基本姿勢になっているようです。

ところが、能の稽古をしている人は、「さすが、お能をされている人は姿勢がいいですね」といわれることが少なくありません。確かに能の姿勢は背すじがスッと伸びて、日本人の基本姿勢である猫背とは違っています。

これは、能が武士階級によって伝えられてきたことにも理由があるでしょう。彼らは胸を開き、背すじを正す生き方を身上としてきました。武士もさまざまな事情のもとに暮らしていたはずですが、それでも姿勢を正し、前を向いて生きることが武士らしさだったのです。

絵画などで残っている武士の立ち姿は、それは美しいものです。しかし、明治維新前後に撮られた写真に残されている武士の姿を見ると、以前の武士らしい姿勢は見られなくなってしまいます。

体の芯がすっかりなくなり、刀を地面に突いているものの、それに寄りかかっているようにも見えます。あごは上がり、腹に力が入っていない、そんな立ち姿になっています。次ページ上の写真は座った姿ですが、なんとも力強さのないたたずまいに見えます。

一方、同じく明治維新前後の町民は、以前の武士のようにシャンとした立ち方をしています。ただ立っているだけの姿も美しく、天秤棒《てんびんぼう》をかついだ姿もシャキッとしています（次頁下の写真参照）。

明治維新は、武士が町民や郷士に取って代わられた革命です。そのころの立ち姿の写真を見ただけでも「ああ、武士が負けるわけだ」と思わざるを得ません。立ち姿は、個々の調子ばかりでなく、こうした身分階級にも現れるのです。

明治維新前後の武士（中央）　　　　　（長崎大学附属図書館所蔵）

同じころの野菜売りの職人　　　　　（長崎大学附属図書館所蔵）

現代では、立ち姿が、その国の元気さ、調子の善《よ》し悪《あ》しにもつながるのではないでしょうか。日本人の姿勢がよくなったときに、この国はもっと住みやすい国になっているかもしれません。

ノンリニアシステムを知る

以下に、能の動作の要素をとり入れたさまざまなエクササイズを紹介しますが、その前に、とくにお子さんをお持ちの親御さんの頭に入れておいてもらいたいことがあります。それは、「ノンリニア」という言葉です（以下はアメリカのボディワーク「ロルフィング」の施術者である藤本靖《ふじもとやすし》氏に教わったことをアレンジして書いています）。

「リニア」とは「直線的」という言葉です。

私たちは何かを学んだりトレーニングをしたりすると、その結果がリニア、すなわち右上がりの直線のように現れてくると思いがちです。昨日より今日のほうがうまくなり、今日より明日のほうがよくなる、そう思いがちです。

ところが、実際はそうではありません。

たとえば、英語の勉強をしていて、「毎日一生懸命やっているのに全然英語ができるようになった気がしない」「単語もずいぶん覚えたのに長文を目にすると全然わからない」「自分は英語の才能がないんじゃないか」といったことを考えながら、それでも毎日続けていると、ある日、急に長文がすらすらわかる日がくる――そんな経験をしたことのある人は多いでしょう。

これは英語に限らず、ピアノやギターなどの楽器を演奏するときでも、そしてスポーツをするときでも起こります。

この「全然進歩していない状態」がある程度続き、そして、ある日ふと気がついたら「急激に進歩している」という過程――これが「ノンリニア」な進歩なのです。

ノンリニアは、私たちの脳神経システムに由来しています。

たとえば、いま自分が柵《さく》に囲まれた円の中心にいると想像してみましょう。英語を勉強する。それは、この円の中心から、外に向かって動きだすことです。むろん、そのときに変化は起こっています。しかし、その変化は日に見えない変化です。目に見える変化は、この柵の外に出たときに初めて現れます。

この柵までの距離は人によって違います。遠い人もいれば、近い人もいます。また、柵の高さや厚さも人によって（そして変化しようとする内容によって）違います。せっかく柵の近くまで行っても、弾き飛ばされて、また元に戻ってしまう人もいます。

それでも、くり返し、くり返し行っていると、ある日、その柵の外に飛び出しています。そのとき自他ともに「進歩した」と感じるのです。これが脳神経システムの特徴です。

人間のさまざまな能力は、このノンリニアな発達、進歩をします。つまり、階段状の進歩をし、決して直線的な進歩はしないということです。

もう一つ、逆上がりを例に見てみましょう。

鉄棒の逆上がりは、いつの時代も子供たちにとっては大きな課題の一つです。体育の授業で、すぐに逆上がりができる子もいますが、ほとんどの子供は練習を積みます。体育の授業で練習し、放課後に練習。それでもできなければ家に帰ってから、さらには休みの日に公園などで練習をして、ついにみんなの前で逆上がりを披露《ひろう》できる日がやってくるものです。

この過程の中で、昨日までいくら練習してもできなかった逆上がりが、今日になっていきなりできたという経験があるでしょう。これもノンリニアのシステムです。あるときにポーンと伸びて次のステップに上がることは、逆上がりに限らずあることです。これを周囲から結果だけをつないでいくと、とても簡単にできたように見えるかもしれません。

図 3-2 ノンリニアシステムのイメージ

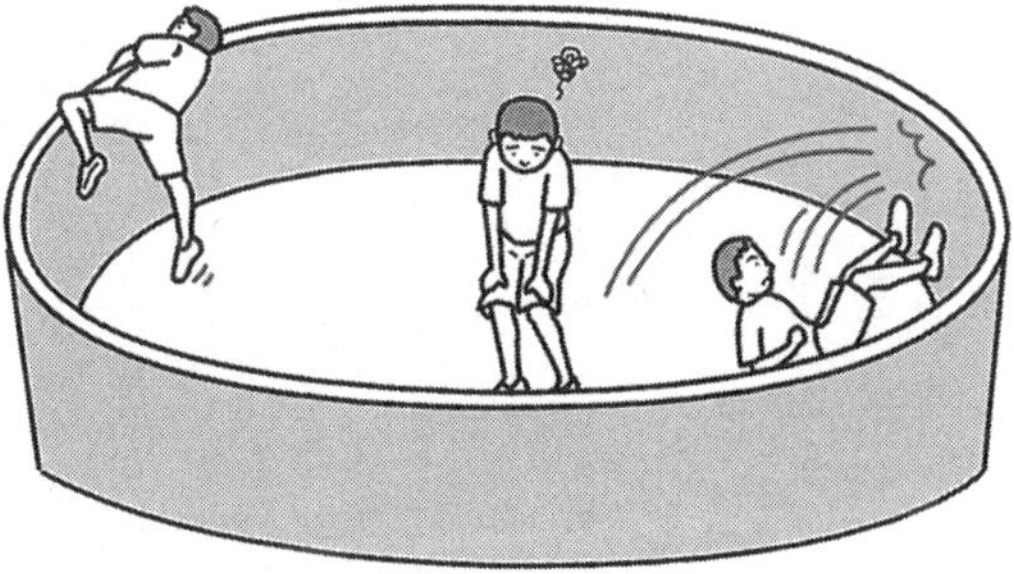

柵の厚さや柵までの距離によってなかなか外に飛び出せない日が続く

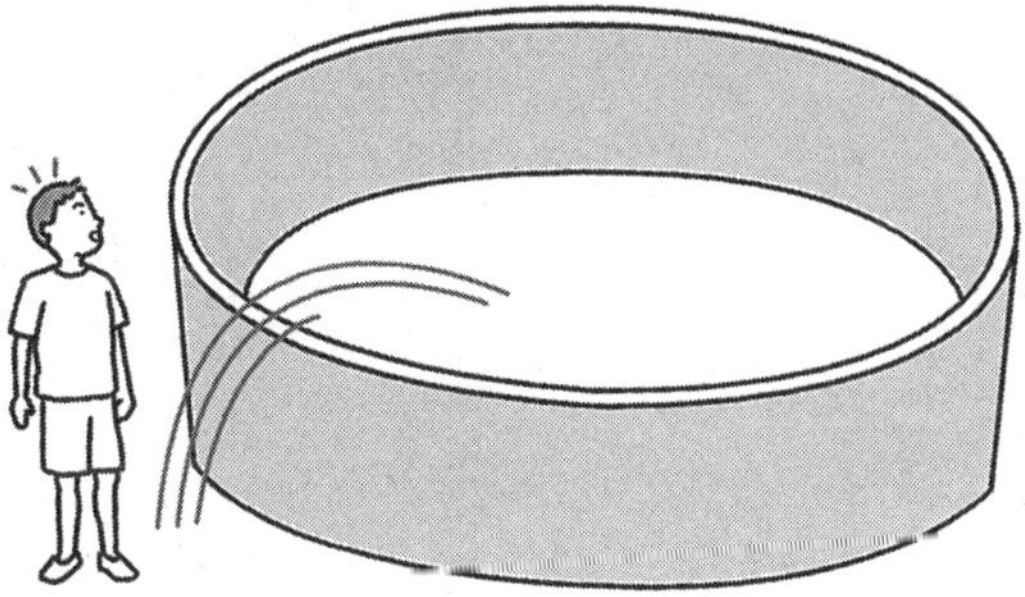

くり返し挑戦しているうちに、ある日突然、柵の外に飛び出している

しかし、結果が出るまでには長い長い努力とくり返しの期間があって、神経システムがその経験をため込み、ある日突然、爆発するかのように進歩します。その期間は、すごく大きな変化が起こるための準備期間なのです。

ところが、この準備期間は、本人にとってはマイナスのように感じられます。頭の中では「やればやるほど進歩する」と思っているのに、現実はやってもやってもできない。これでは、「自分はダメなんだ」と落ち込んでも当然ではないでしょうか。

そんなときに、このノンリニアシステムのことを知っていれば、本人も落ち込まないで「いつかはできるようになる」と一生懸命に練習することができます。

また、周囲もノンリニアシステムを知っているのと知らないのでは大違いです。知らない場合、自分の子供がいくら練習しても逆上がりができるようにならなければ、「うちの子はダメなのかも」と思うでしょう。また、本人が落ち込んでいるにもかかわらず、「がんばりなさい」とプレッシャーをかけてしまいます。

しかし、**ノンリニアシステムを知っていれば、子供ができるようになるまで待つことができます**。また、過剰に干渉をしてプレッシャーをかけることもしないですみます。

能の世界にも、何十年もうまくならなかった人が、壮年期以降、急激に上達するケースがあります。このような準備期間の長い人こそ、大輪を咲かせることも少なくありません。

子供もこれと同じです。結果ばかりを早く求めるのではなく、その準備期間があることを大人はわかってあげましょう。そして、その準備期間は、彼ら自身に用意させ、大人は環境づくりに徹して見守ってあげてください。

かかとが美しい姿勢の土台

それでは、正しい姿勢のつくり方を紹介しましょう。まず、最初に意識するのは、「**スカイフック感覚**」です。

理想的な姿勢の基本は、上半身は天からつられ、下半身は地面に支えられている状態で、体の真ん中を貫く一本の軸を感じて立つことです。これを「スカイフック感覚」といいます。

スカイフック感覚で立つための準備として、姿勢の土台になる「かかと」をチェックしましょう。

子供に「足を横から見た形を描いてみて」というと、アルファベットのLの字のように、たいてい足の甲は大きく描かれ、かかとは小さく描かれます。しかし、実は、かかとの骨は意外に大きく、足はLというよりも逆Tの字に近い形をしています。そして、かかとの骨（踵骨《しょうこつ》）と、体重を足に伝える距骨《きょこつ》（足先と脚部とを連結する骨）、すねの骨の頸骨《けいこつ》の関係が、正しく立つためには重要になります。

踵骨、距骨、頸骨が図3－3の中央の図のように一直線になっているのが理想です。しかし、たいていは外側に曲がったり（左の図）、反対に内側に曲がったりしています（右の図）。かかとが曲がっているとO脚やX脚になりやすいだけでなく、正しい姿勢で立つこともできません。

ドイツなどでは子供のころに手術をしてかかとの矯正をすることも多いようです。しかし、ほとんどの場合、かかとの曲がりは生活習慣によって起こるので、いくら手術をしても生活習慣の見直しをしなければ、また同じように変形してしまいます。

たとえば、赤ちゃんに早く立ってもらいたい、歩いてもらいたいというのは親心です。しかし、無理をして立たせたり歩かせたりすると、かかとが曲がりやすくなります。赤ちゃんは赤ちゃんなりに「立つ」、「歩く」の準備をしているので、自然に立ち上がり、歩くのを待つことが大切です。

また、親子で手をつなぐ場合、いつも同じ側に親がいると、子供は体を親のほうに

図 3-3 正しいかかとの位置

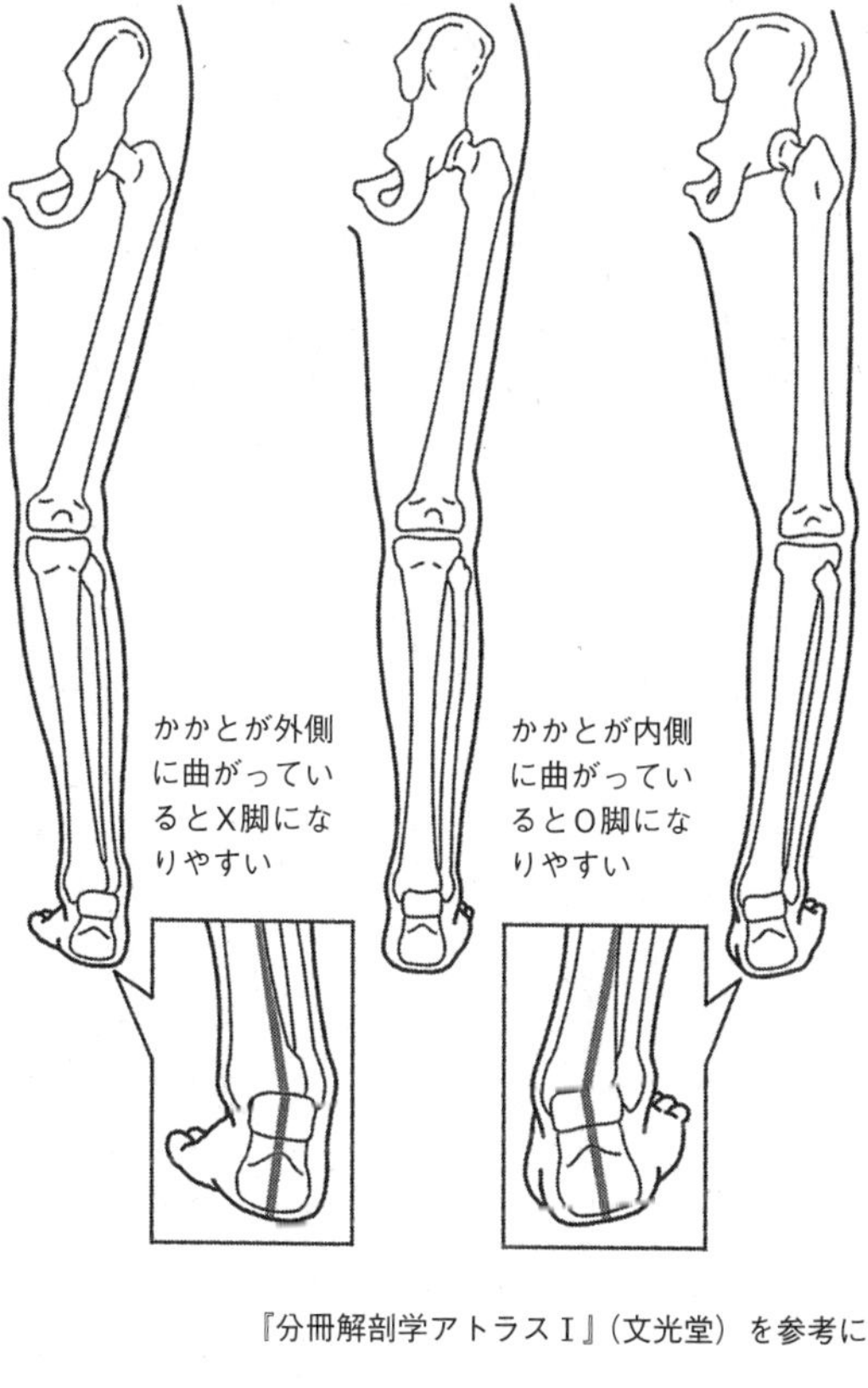
かかとが外側
に曲がってい
るとX脚にな
りやすい
かかとが内側
に曲がってい
ると0脚にな
りやすい

『分冊解剖学アトラスⅠ』(文光堂) を参考に作図

向けたり、微妙な力で親に引っぱられたりするため、かかとが曲がるという説もあります。さらには、子供のころからハイヒールをはいたり、靴のかかとを踏んでいたりすると、かかとが曲がりやすくなります。

大人になって、かかとの曲がりに気づいた場合、まっすぐなかかとに戻すには時間がかかります。ですから、なるべく早くかかとの曲がりに気づき、元のまっすぐな位置に戻す必要があります。

それでは、かかとをチェックしてみましょう。

まず、子供をうつぶせの状態で足がベッドの端から出るように寝かせます。力を抜いて両足をそろえると、どちらかのかかと、あるいは両方のかかとがすねに対して外側か内側に曲がっているのがわかるでしょう。

かかとの曲がりがチェックできたら、かかとに両手を添えて、無理に力を入れずにストレッチの感覚で、かかとをまっすぐな位置に戻すようにします。子供はゆっくりと足首を曲げ伸ばしします。一回、あるいは一日でかかとをまっすぐにしようとは考えず、毎日の親子のコミュニケーション感覚で、やさしくかかとをリラックスさせてください。

かかとがまっすぐになるということは、すなわち、体の土台部がまっすぐになるこ

図 3-4 親子で行うかかとのチェック法

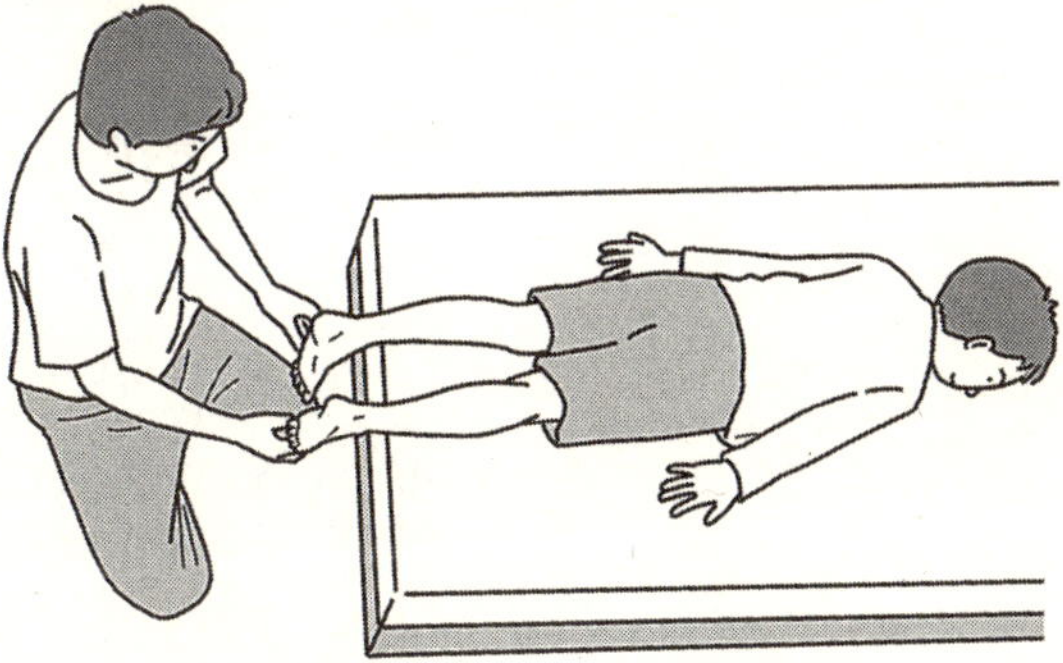

❶足がベッドの端から出るように子供をうつぶせで寝かせて、かかとがすねに対して外側か内側に曲がっていないかを調べる

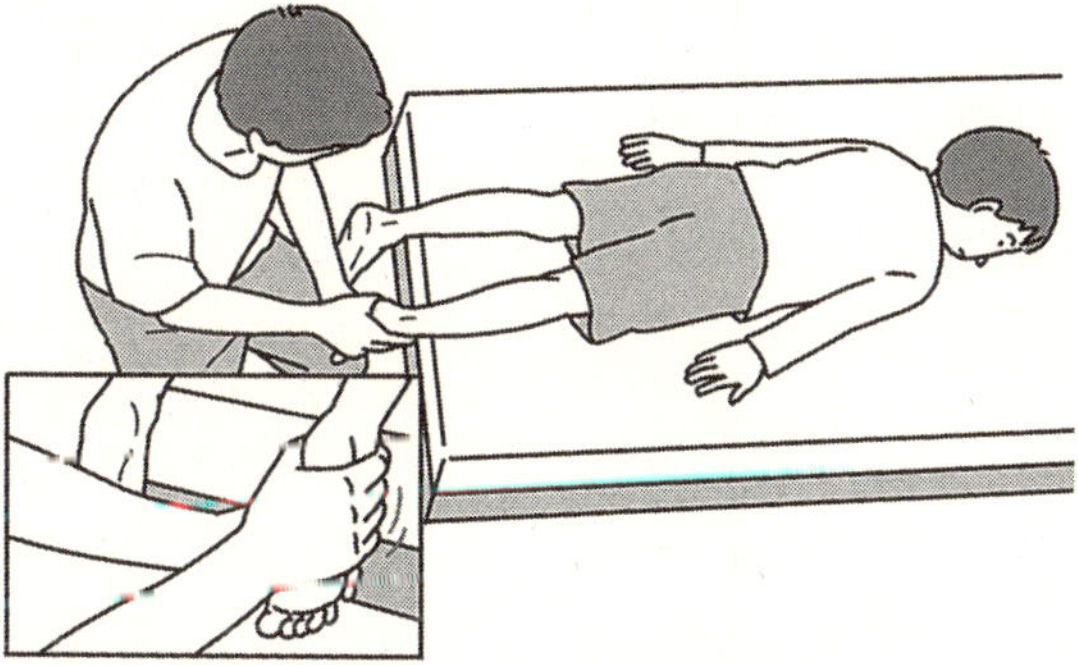

❷曲がりのあるかかとに両手を添えて、無理に力を入れずにまっすぐな位置に戻す。子供はゆっくりと足首を曲げ伸ばしする

となので、体軸感覚（体の中心に一本の軸が通っている感覚）も得やすくなります。

また、かかとの曲がりは、足の裏の筋肉の緊張につながります。足の裏の緊張は腰や背中、肩の緊張を引き起こし、悪い姿勢の原因にもなります。姿勢を正すというと、上半身に意識がいきがちですが、発想を少し変えてみると、その土台である足の裏やかかとの骨が重要だということがわかります。

能楽師の骨盤は水平

姿勢には骨盤も大きく影響してきます。骨盤は八つの骨からできていて、内臓を支え、上半身の重さを受けて、それを両足に分散させる役割があります。さらには、走ったりジャンプをしたりしたときに足にかかった負担が、そのまま上半身に伝わらないようショックを吸収します。

骨盤の状態は下半身の姿勢を決めます。姿勢の基礎である下半身を決める骨盤は、全身の姿勢を決めるといっても過言ではありません。

とくに骨盤の傾きは、腰のカーブを決め、それが背骨全体、そして頭部にも影響を与えるので、姿勢を考えるうえでとても重要な要素になります。

図 3-5 骨盤の傾きと姿勢の関係

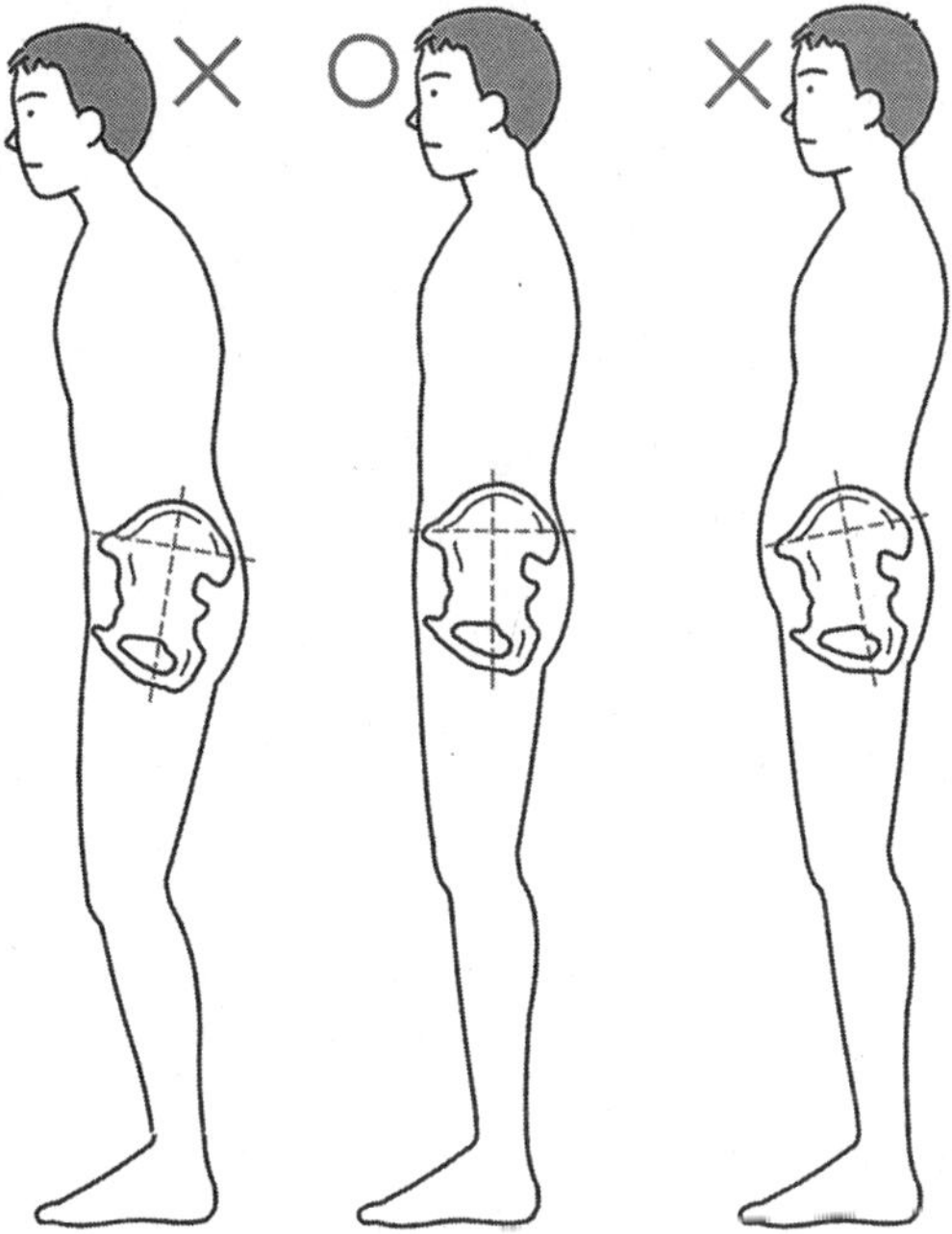

骨盤を前傾させればポッコリおなかになり、後傾させれば猫背になる。
骨盤が水平な状態が最も姿勢が安定し、背骨も美しいS字を描く

『Rolfing』Rolf.I.Pより作図

ところが、人類はこの骨盤を、とくに近代、男女ともに一生懸命に前傾させてきました。女性がハイヒールをはいて歩く姿や、男性が胸を張ったスタイルは、一般的には美しいイメージがあるでしょう。しかし、体の構造からいうと、これらのスタイルは骨盤が前傾した姿勢といえます。

実は、この姿勢では、私たちの体でいちばんパワフルな筋肉である大腰筋（くわしくは四九頁を参照）が伸ばされ、ほとんど使われなくなります。一見、美しく見える姿勢も、実用には向いていなかったのです。

骨盤の前傾はポッコリおなかもつくります。骨盤には、内臓を収める容器としての役割があります。その骨盤が前傾していると、収まるはずの内臓が前に落ち、そのためにポッコリおなかになるのです。

これに対して能の場合、立っているとき、座っているときも骨盤は水平にしています。その理由をシテ方観世流《かたかんぜりゅう》の津村禮次郎《つむられいじろう》師に聞いたところ、「まっすぐに立ったときや歩いたときに、唐織《からおり》（能の装束《しょうぞく》の名称）のすそがかかとから離れなくするため」と教えてくれました。

また、津村師の言葉には、骨盤を水平にする姿勢が最も安定性のある立ち方だという意味も隠されています。

骨盤が水平ということは、骨盤周辺の筋肉バランスがとれており、背骨も美しいカーブを描いているはずです。反対に、骨盤を前傾させると、体の後ろ側（背中側）の筋肉が緊張状態になり、腰痛や首の痛みが現れてくるでしょう。

ちなみに、日本舞踊は骨盤を前傾させますが、これは日本舞踊が町民階級のものだったことに由来しているようです。

能は腰に刀を差す武士階級のものだったため、日本舞踊とは根本的に違う姿勢、骨盤を水平に保つ姿勢がとられるようになったのでしょう。

この能の動きを学ぶことで、骨盤は水平になり、機能的で美しい姿勢を手に入れることができるのです。

正しく立つためのエクササイズ

「立」という漢字は、大地にしっかりと足を着け、天の下に人が両手を広げて立っている様子を表しています。つまり、「立つ」ということは、天と地を意識した姿なのです。

立ち姿の美しい人は、それだけで目をひきます。そして、どういうわけか、美しいうえに楽に立っているようにも見えます。能楽師はまさに美しく楽に立っています。

美しい立ち方のヒントは世阿弥が述べた言葉に見ることができます。

その一つは「たおやかさ（しなやかさ）」です。「たおやかさ」は、ただ優美に、しなやかにするだけではありません。「腰、ひざは直に、身はたおやかなるべし」といい、腰とひざはまっすぐに、全身はたおやかにするのです。柔らかさのあるスッとした美しさが姿勢の美だといいます。

もう一つは「体心捨力《たいしんしやりき》」という言葉です。「体心」とは、「芯を自分の体とすること」で、深層筋（体の奥深くにある筋肉）を使って体幹を充実させることです。この「体心」ができれば、体のムダな力を抜く「捨力」が自然にできるようになるといっています。

世阿弥がいう「たおやかさ」をつくり出すのはなかなかむずかしく、「体心捨力」も決して簡単ではありません。ところが、ロルフィング（くわしくは三六頁を参照）の考え方に同じような立ち方があります。前述した「スカイフック」の立ち方です。このスカイフックの感覚を身につけると、立ち姿が美しく楽になり、動きも滑らかになります。

それでは、美しく理想的な立ち姿を手に入れる、スカイフック感覚のエクササイズを紹介しましょう。エクササイズは次の六つのステップがあります。

❶足裏感覚を磨いて足裏三点立ちをする（以下、次頁図3－6参照）

足の裏には三つのアーチがあります。一つは足を正面から見たときに、足の第一指（親指）から第五指（小指）までの五本の指がつくり出すアーチです。二つめは足の内側、いわゆる土踏まずのアーチです。そして、三つめが土踏まずとは反対側、足の外側のアーチです。

足のアーチには、体重を支え、動作のさいに生じるショックを体の外に逃がす重要な働きがあります。さらに、この三つのアーチがつくる三角形が、たくさんの骨や筋肉、神経からなる足の構造を安定させています。この足の裏にある三角形の三つの頂点をイメージして立つことが、まさに足下からの安定を確保するために必要なのです。

足裏三点立ちをするには、ひざの裏がゆるんだ意識を持ちながら足を軽く開いて立ちます。このとき、下半身は「丹田《たんでん》」を意識します。丹田は、へそのすぐ下にあり、体の重心となる場所です。

❷水平線をイメージする

体を横切る水平線をイメージします。水平線は「地面」「足首」「ひざ」「腰（骨盤）」

図3-6 正しく立つためのエクササイズ

❶足を正面から見たときに足の第一指（親指）から第五指（小指）までの五本の指がつくり出すアーチ、足の内側の土踏まずのアーチ、土踏まずとは反対側の足の外側のアーチがつくる三角形の頂点をイメージして立つ

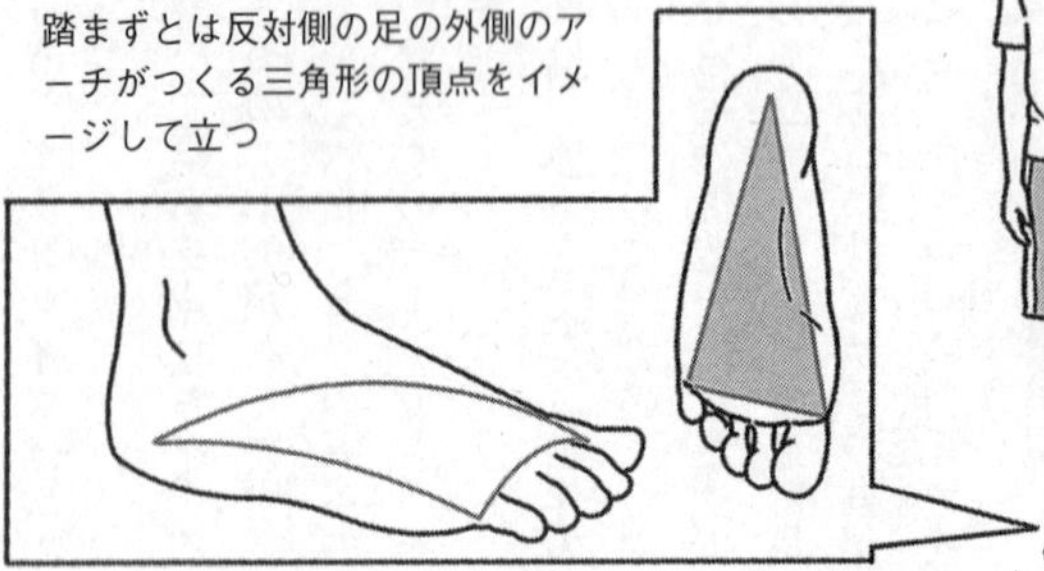

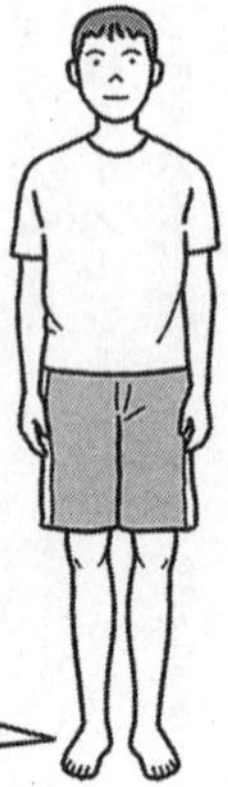

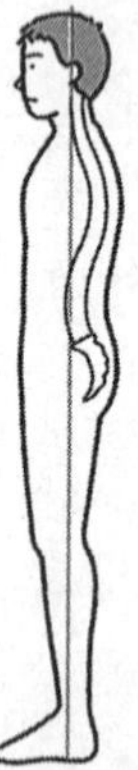

❸肛門から仙骨の前を通り、背骨の前側、のど、耳の前、頭のてっぺんを抜ける垂直線をイメージする

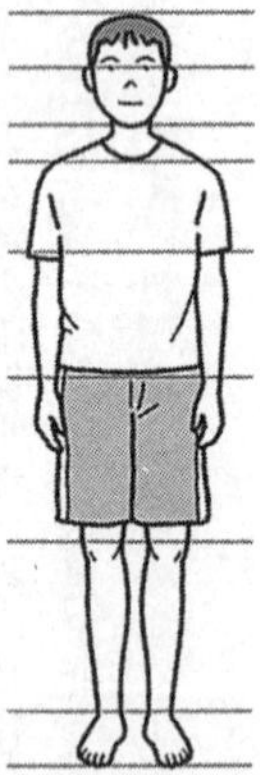

❷地面、足首、ひざ、腰（骨盤）、横隔膜、肩、あご、目、頭頂の各部位を横切る水平線をイメージする

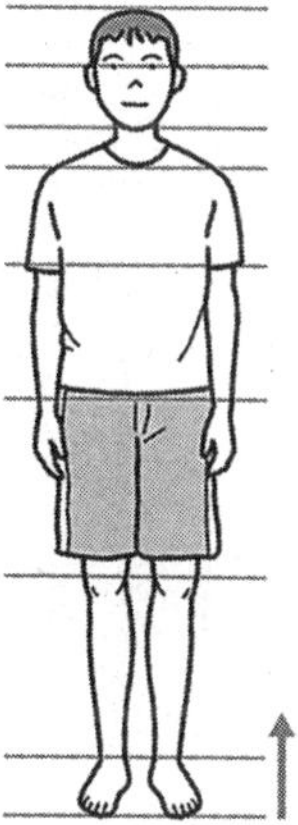

❺②の体を横切っている水平線で分けられたブロックごとに、下から順番に休んでいく

❹③で描いた垂直線の上にフックをつけ、それが天からつられているイメージを持つ。このとき胸骨をやや上げる

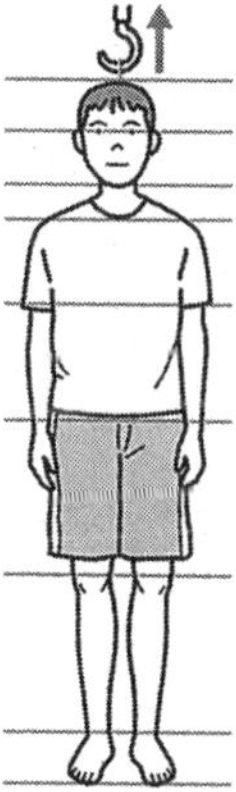

❻⑤の水平線で休んでいるイメージを持ちながら、頭上のフックがつられている④のスカイフックを再び意識する

※それぞれ1分間を目安に行い、①〜⑥を1セットとして1日2〜3セット行う

「横隔膜《おうかくまく》（胸部と腹部を隔《へだ》てる筋肉質の膜）」「肩」「あご」「目」「頭頂」の各部位を横切っているイメージです。

❸垂直の線をイメージする

体を縦に貫く垂直線をイメージします。垂直線が肛門《こうもん》から仙骨《せんこつ》（背骨のいちばん下にある三角形の骨）の前を通り、背骨の前側、のど、耳の前、頭のてっぺんを抜けるイメージです。下半身は仙骨の前から太ももの内側を通り、土踏まずの内側を通るイメージです。

❹スカイフックをイメージする

③で描いた垂直線の上にフックをつけ、それが天からつられているイメージを持ちます。

このとき、胸骨《きょうこつ》を少し上げるような意識を持ちます。ネクタイの結び目を締めるときのイメージで、結びめのいちばん下あたりの胸の部分をちょっとだけ上げます。胸を反らせると、背中に負担やストレスがかかるので注意してください。

❺水平線で休む

④のスカイフックのイメージを持ったまま、②の体を横切っている水平線で分けられたブロックごとに、下から順番に休んでいきます。

最初に休むのは地面から足首までのブロックです。このブロックを休めるイメージを持つと、立っていても地面の上にゆったりと休んでいる意識が持てます。

次に足首からひざまでのブロック、さらに骨盤までのブロック、その上のブロックと積み木が重なるように、ブロックの上でブロックが休んでいることをイメージしていきます。

❻スカイフックをイメージする

⑤の水平線で休んでいるイメージを持ちながら、頭上のフックがつられている④のスカイフックを再び意識します。

それぞれのエクササイズは一分間を目安に行ってください。①〜⑧を一セットとし、一日二〜三セットを行いましょう。

この六つのステップによって、上は天からつられ、下は地面に支えられているのを感じ、天と地の間でゆったりと立つことができます。この立ち方が能の基本の立ち姿であり、自由でしなやかな動きにつながるのです。

楽に座ると正座になる

能の歌である謡《うたい》は、立って謡《うた》うこともありますが、基本は正座をして謡います。稽古や舞台ではなく、ワークショップや授業、講演などのときに、椅子に座って謡うこともないわけではありませんが、椅子に座って謡うのは腹に力が入りにくく、どうにも声がよく出ません。

正座は日本古来の座り方と思われがちですが、武士の間ですら普及したのは江戸時代で、一般の人の間には明治になって浸透したという比較的新しい座り方です。

しかし、正座をすると背すじが伸び、腹を意識しやすくなるのは事実です。そして、腹を結ぶ一本の芯ができるのも正座なのです。

前述したように、美しく楽な立ち姿は、頭頂と骨盤、足の裏が地面に対して一直線になっています。同様に、正座を横から見ると、頭頂、骨盤、足の裏が一直線になっています。このことで、美しく楽な姿勢のまま座ったのが正座だということがわかるでしょう。

ほかの座り方はどうでしょう。あぐらや、いわゆる体育座りは、頭頂と骨盤が直線

図 3-7 正しい正座の姿勢

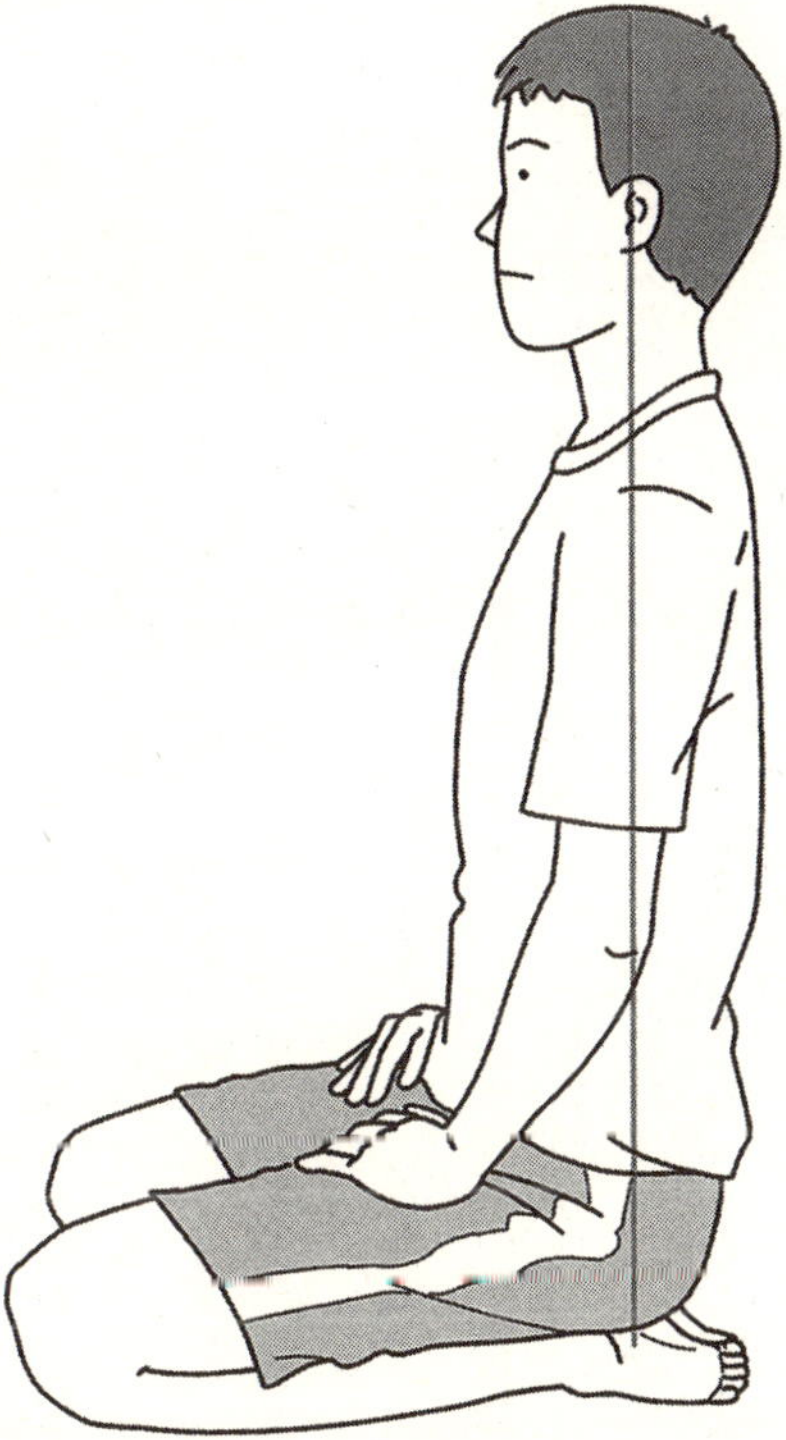

正しい正座の姿勢を横から見ると頭頂、骨盤、足の裏が一直線になっている

でも、足の裏はそこからはずれています。

椅子に腰掛けた場合でも、同じように足の裏の位置はずれています。深く腰掛けようが浅く腰掛けようが、結果は同じです。

座面が前に傾き、足を内側に折るように座る椅子は健康によいといわれています。その座った姿勢を見ると、やはり頭頂と骨盤、足の裏が一直線になっています。

高価な椅子は、高価なりにさまざまな機能が盛り込まれていますが、本来の椅子の目的は体に負担をかけないことです。つまり、体一つで座ることがいちばん楽で、もともと椅子は体に負担をかける道具だということです。

正座が美しく楽な座り方というのは、お年寄りを見てもわかります。お年寄りは体力が衰えているので、自然に楽な姿勢をとるようになります。そのお年寄りが選んだのが正座です。お年寄りが椅子の上で正座をしているのを見かけることがあるでしょう。あれは、あの姿勢がいちばん楽だから、行っているのです。

正座は楽ではないというのは、足がしびれるからでしょう。しかし、正座に慣れれば足のしびれは軽減していきます（という私もいまだにしびれますが）。お年寄りはずっと正座をしていても足がしびれるようなことがないばかりか、足や体をモジモジさせることがありません。

あぐらや横座り、あるいは椅子に座っているほうが、実は、同じ姿勢を保つのはむずかしいのです。これは、そうした姿勢は体のどこかにストレスがかかり、楽ではない証拠です。

大人よりも野生に近い存在である小さな子供も、楽な座り方である正座をします。椅子の生活が主流になる以前、地面や床に座ることが多かったころには、子供は自然に正座をしていました。

ところが、近ごろは正座をできない子供がとても多いのです。能のワークショップに来る子供たちも例外ではありません。稽古は畳や板敷きで行うので、どうしても床に座ることになります。

何もいわないでいると、彼らは体育座りをしたり、横座りをしたりします。そこで、正座をさせてみると、何人かは後ろにひっくり返ります。「そんなバカな」と思うかもしれませんが、彼らは体の中心軸がずれた椅子の生活に慣れ、中心軸で座る正座ができないのです。

そんな子供たちでも、能の稽古をするうちに正座もできるようになり、やがて正座ができる時間も長くなります。また、能の謡を謡うときに声を出しやすいことからもわかるように、正座をすると深くゆったりとした呼吸ができるようになります。

図3-8 楽な正座の仕方

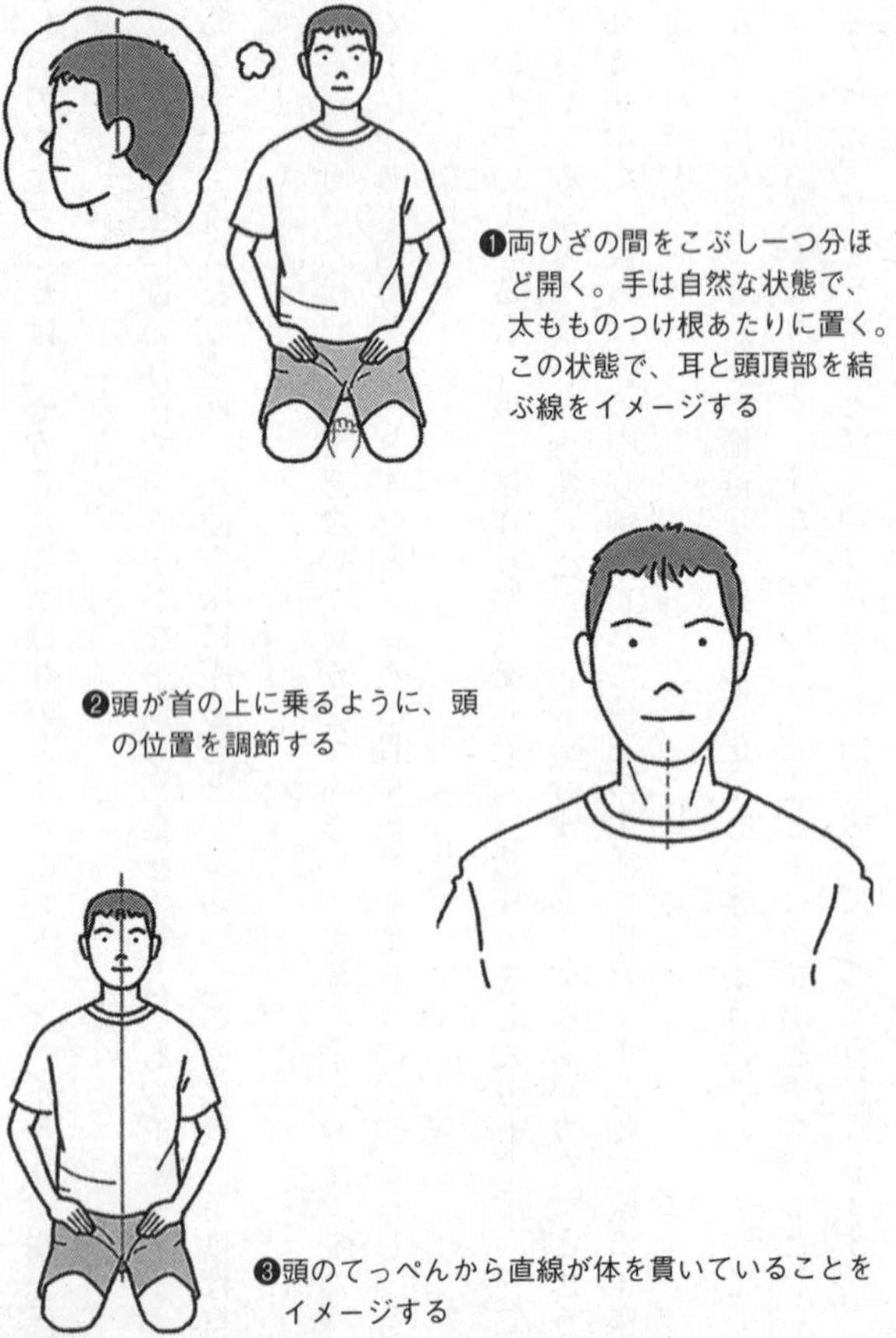
❶両ひざの間をこぶし一つ分ほど開く。手は自然な状態で、太もものつけ根あたりに置く。この状態で、耳と頭頂部を結ぶ線をイメージする
❷頭が首の上に乗るように、頭の位置を調節する
❸頭のてっぺんから直線が体を貫いていることをイメージする

正座というと「足が短くなる」「足が痛い」「反省をさせられるときの座り方」といったマイナスのイメージがあります。しかし、正座をすると同じ姿勢で長く座っていられるということは、体にとてもよい座り方なのです。

それでは正しく、楽な正座の方法を紹介しましょう。

❶両ひざの間をこぶし一つ分ほど開く。手は自然な状態で太もものつけ根あたりに置く。この状態で、耳と頭頂部を結ぶ線をイメージする

❷頭が首の上に乗るように、頭の位置を調節する

❸頭のてっぺんから直線が体を貫いていることをイメージする

自由でしなやかな動きにつながる正しい姿勢、それと同じ芯を持った正座をする機会をぜひ増やしてもらいたいものです。

コラム① 能を始めて子供たちの姿勢も心もシャンとしてきた

大橋純子（おおはしじゅんこ）――主婦・四十一歳

■型がビシッと決まり声もよく出る

わが家の十二歳と十歳になる息子たちは、それぞれ平成十六と十八年から安田登先生の能の稽古に通っています。稽古場へは私も行き、ときどきいっしょに能の稽古をさせていただいています。

実は、初めて稽古に行ったときに、稽古場に集まった子供たちを見て驚いてしまいました。というのも、稽古の最初に床に正座をしたのですが、十数人いる子供の半分近くが正座ができなかったのです。

正座は足を折って座るだけですから、できる人にとってはこれ以上簡単なことはありません。しかし、正座のできない子供たちは、座ろうとして足を折ると、そのまま後ろにゴロンとひっくり返ってしまうのです。

正座をする姿もさまになってきた

確かに最近は椅子での生活がほとんどです。わが家も例外ではありません。床暖房などの新しい暖房設備も普及し、冬の寒い時期でもこたつで過ごすこともあまりありません。こうした生活様式の変化が、正座ができない、というより足を含めた体の使い方を知らない子供がふえた原因かもしれません。

また、子供が立っている姿も、何かフニャフニャしています。どこがどうフニャフニャなのかうまく説明できないのですが、とくに上半身がシャンとしていないのです。それと関係があるのでしょうか、声を出す練習をしても声に迫力が全然ありません。

ところが、何度も能の稽古を続けるうちに、子供たちの様子が変わってきたのです。正座をすると後ろにころがっていた子供たちも、正座をすることだけならできるようになってきました。正座をすると、最初はすぐに足がしびれてきます。子供たちも最初は、すぐにモゾモゾと動き始めて数分と座っていられませんでしたが、稽古を重ねるうちに正座していられる時間がどんどん長くなってきました。

同時に、フニャフニャだった上半身がしっかりし、立ち姿、歩く姿、そして型の練習をしている最中も、型がビシッと決まって見えるようになってきました。声もよく出るようになり、聞いていておなかに響くというか、迫力もずいぶん出てきました。

■同じ教室の子供たちにも確かな変化

稽古には私以外にもお母さん方がいらっしゃっています。その方たちとお話をしたところ、私と同じようなことを感じていたそうです。また、稽古場だけではなく、それぞれの家や学校での子供たちの様子も、能を始める以前とは違ってきたといいます。

たとえば、風呂の中で謡（能の歌）を謡うお子さんがいるといいます。謡うときは「コミ」といって、息をためて吐き出すように声を出します。その子のお母さんによると、ふだんの生活では呼吸を意識することはまったくないので、謡うときに呼吸を意識することが気持ちよいのではないかということでした。

また、テレビを見ていたと思ったら、急に能の足の運びの「すり足」を始める子は、とても気持ちよさそうな表情をしているようです。能の動作をすると、体の中に芯が通るような気分になるので、何かを始めるきっかけにしているようなのです。その子はすり足をやることが生活の一部になっているようだ、とお母さんが話してくれました。

さらに、能を始めて体育の成績がよくなった子もいます。小学五年生の小林慶一くんは、五〇メートル走のタイムが八秒七から七秒八へと上がったそうです。同じく一〇秒一四だった五〇メートル走のタイムが九秒〇七になった小学四年生の男の子や、運動会でいつも二位か三位だった徒競走で、ついに一位になった小学四年生の女の子もいます。

能の稽古の初めのころは、歩き回ったり友達とおしゃべりをしたりするなど、安田先生の話を聞いていられない子供ばかりでした。そんな子供たちも、能の稽古をするうちにどんどん集中力がついて、話をきちんと聞けるようになりました。また、子供自身が自分の体ときちんと向き合えるようにもなってきました。

能を始めてからは、わが家の子供たちも含め、稽古にやって来る子供たち全員が、心も体も見違えるようにシャンとしてきたようです。

【第四章】

身体能力を高める「和の所作」

大腰筋を意識する

体の奥のほうにある深層筋の代表である大腰筋は、運動能力を高めるうえで、たいへん重要な役割を担っています。第二章でも述べたように、トップアスリートと呼ばれる人たちは、一般のアスリートと比較して、この大腰筋が非常に発達しています。したがって、スポーツ界では近年、大腰筋を鍛えるためのさまざまなエクササイズが考案されています。

また、大腰筋の発達はアスリートだけでなく、お年寄りが元気でいられる要因の一つにもなっています。このことは数々の研究でも明らかになっています。すべての動作において大腰筋が重要なキーワードになっている能の世界において、能楽師が八十歳や九十歳になっても現役でいられることが何よりの証拠といえるでしょう。

本章では、大腰筋を活性化して、運動能力を高めるためのエクササイズを紹介しますが、その前に大腰筋の四つの基本的な働きをおさらいしましょう。

大腰筋の四つの基本的な働きとは、以下のとおりです。

❶太ももを上げる

大腰筋の基本中の基本の働きです。歩く、走るという基本動作はもちろん、階段を昇るときの動作、ボールを蹴るときの動きなども大腰筋によって行われます。

❷上体を起こす

太ももを固定した状態で大腰筋が働くと、上体が起きます。腹筋運動のような動作を腹筋を使わなくても行えるのです。また、正座をしてお辞儀《じぎ》をする動作も、大腰筋によって行われます。

❸背骨を支える

大腰筋とそのほかの筋肉の連動によって、背骨のS字カーブがつくられ、美しい姿勢をつくることができます。

❹骨盤のバランスを整える

大腰筋は腸骨筋《ちょうこつきん》（骨盤と足のつけ根を結ぶ筋肉）とあわせて腸腰筋《ちょうようきん》と呼ばれています。これら左右の腸腰筋のバランスによって、骨盤の前後左右のバランスも整えられます。

このようなさまざまな働きがあり、体を動かすうえで最も重要な大腰筋は、体の奥深くにあるため、ふれにくいものです。ふれなければ大腰筋のイメージもしにくく、イメージできなければ活性化のエクササイズを行ってもなかなか効果が得られません。

そこで、大腰筋活性化の第一歩として、まず大腰筋をイメージすることから始めましょう。

〈大腰筋をイメージするエクササイズ〉

❶大腰筋が出ているところにふれる

まず、五一頁の図2－3を見て、大腰筋とはどのような筋肉なのかをしっかりとイメージします。大腰筋は腰椎（背骨の腰の部分）の両側から出ています。高さでいうと、ちょうど肋骨《ろっこつ》のいちばん下のあたりです。大腰筋そのものにはふれなくてもかまわないので、肋骨のいちばん下のへりを手でふれて、「大腰筋はこの奥から出ているんだ」と意識します。

❷大腰筋が終わる場所にふれる

腰椎の両側から出た大腰筋は、左右の内股《うちまた》のつけ根の小転子《しょうてんし》という骨の一部につながっています。ここはなかなかふれにくい部位ですが、だいたいの部位に手を当てて「大腰筋はここで終わっているんだ」と意識します。

大腰筋の存在を意識できたら、本格的なエクササイズに入ります。

図 4-1 大腰筋をイメージするエクササイズ

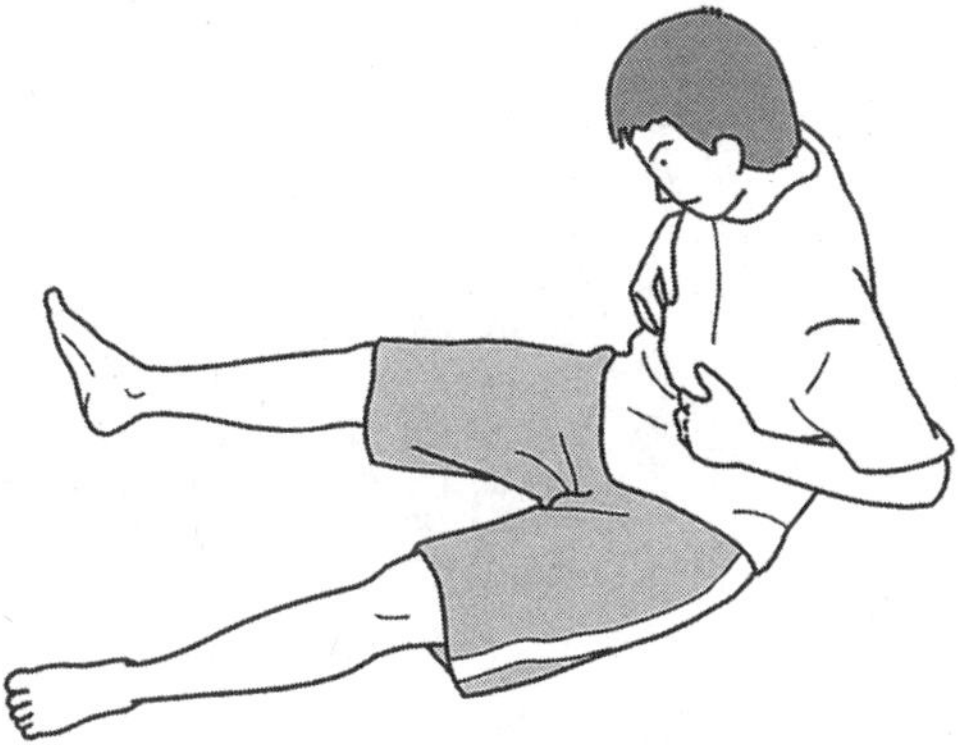

❶肋骨のいちばん下のへりを手でふれて「大腰筋はこの奥から出ているんだ」と意識する（実際には背中の方から出ている）

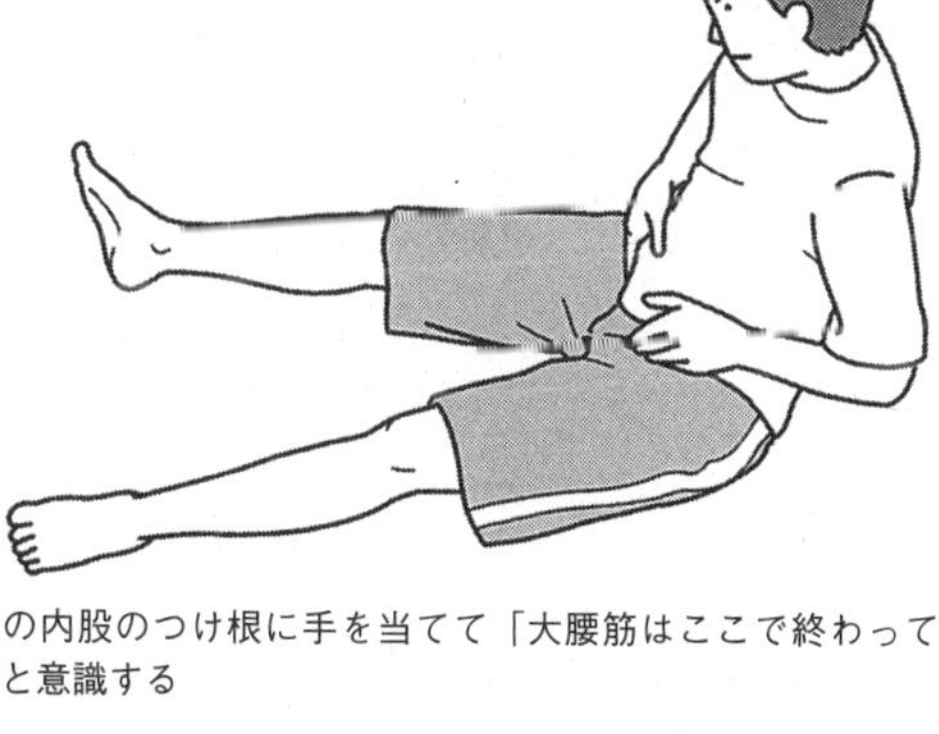

❷左右の内股のつけ根に手を当てて「大腰筋はここで終わっているんだ」と意識する

腹筋の鍛えすぎに用心

第一章で、キレやすい子供がキレるときに呼吸が止まっていた例を紹介しました。また、その子の呼吸が浅く、体にふれたら筋肉がガチガチに固まっていたということもお話ししました。

つまり、その子は、体の表面にある表層筋が硬くなっているため、その内側にある小胸筋などの深層筋が活性化できず、そのために呼吸が浅くなっていたのです。

このように、表層筋は深層筋に影響を与え、表層筋が硬くなると深層筋の活性化のじゃまをすることになります。

このことは、同じ深層筋である大腰筋についてもいえます。大腰筋がある部位の表面には、腹直筋などの、いわゆる腹筋があります。この腹筋が硬くなると、大腰筋活性のじゃまになるのです。

出っぱったおなかをどうにかしたい人は、よく腹筋運動を行います。しかし、現実には、いくら腹筋を鍛えてもおなかがへこまないというケースも少なくありません。

実は、おなかの出っぱりと腹筋は、直接的な関連性がないのではないかといわれています。それどころか、最近では、腹筋を鍛えすぎるとおなかが引っ込みにくくなるという説さえあるほどです。

やはり大切なのは、深層筋と表層筋のバランス、ここでは大腰筋と腹筋のバランスなのです。過酷な腹筋運動で腹筋を硬くしすぎると、大腰筋と腹筋のバランスがくずれてしまいます。

もちろん、腹筋を強くすることは悪いことではありません。しかし、頭に入れておいてほしいのは、「強くする」ことと「硬くする」ことは違うという点です。筋肉は硬くなるとむしろ弱くなり、さまざまな変化に対応できません。筋肉が切れたりつったりするなどの症状が現れやすくなります。強い筋肉とは、弾力があって順応性があり、安定性がある筋肉のことなのです。

格闘家であれば、肉体と肉体がぶつかり合う衝撃にも耐えるために、鋼《はがね》のような筋肉を身につけなくてはならないでしょう。しかし、それ以外の場合は、硬い筋肉よりも、使える筋肉を身につけたほうが役に立つ場面が多いはずです。

とくに、神経系の発達がピークを迎える子供の時期には、筋力トレーニングで筋肉を大きくしたり、硬くしたりするよりも、大腰筋などの深層筋を活性化することが重要です。

「わずかな動き」の重要性

五経の一つ『易経』には大腰筋と思われる筋肉が登場します。解剖学がなかった頃でも大腰筋の存在は古くから経験的に知られていました。伝統芸能である能にも、大腰筋をはじめとする深層筋を活用する技法が多くあります。

一般的に、能には激しい動作のイメージはあまりないかもしれません。しかし、能の舞においては、すり足で歩行したり、助走もつけずにその場で垂直に跳び上がったりするなど、想像以上にハードで、高い身体能力が必要とされます。

これらの動作には大腰筋が不可欠です。能楽師がそうした動作をできるのは、彼らが無意識のうちに大腰筋を活性化させ、有効に使っているからなのです。

また、トップアスリートや、年齢の割に身体能力が高く転倒するようなことのないお年寄りも、大腰筋を有効に使っています。もちろん、子供でも大腰筋を有効に使えれば、身体能力はぐんぐん伸びていきます。

しかし、大腰筋を活性化するにあたっては注意が必要です。大腰筋は意識しにくく、そして意識しにくいためにトレーニング効果も得にくいという特徴があります。

したがって、一般的に行われているようなエクササイズでは、表層筋ばかりが鍛えられ、大腰筋にまったく効果がないばかりか、よけいに大腰筋を使えなくする可能性もあります。

たとえば、大腰筋を鍛えるエクササイズとして、踏み台昇降や階段の昇り降りなどの方法が紹介されるケースがあります。

これらの方法は決して間違いではありませんが、効果を得られるのは、大腰筋がある程度活性化している人に限られます。大腰筋が使えていない、あるいは大腰筋を意識できていないほとんどの人は、大腿四頭筋《だいたいしとうきん》などの太ももの筋肉だけが鍛えられてしまいます。

大腰筋を活性化しようと思ったら、同じ動きをする大腿四頭筋などの筋肉を使わずに行うエクササイズが必要です。そして、大腰筋がじゅうぶんに使えるようになってから太ももの筋肉を連動させることで、高いパフォーマンス（行動）が生まれるのです。

大腰筋を活性化する最も適した方法が、「サトルムーブメント」という動きです。

「サトル」とは英語の「subtle」で、「わずかな」や「ほのかな」「微妙な」という意味があります。つまり、サトルムーブメントとは、日常の動作にはない静かな動作と、わずかなものを感じ取る感覚という意味です。このサトルムーブメントこそ、能の所作(身のこなし。広い意味で「和の所作」ということもできる)にほかなりません。能の所作のすべてをマスターするのには、たいへんな時間がかかります。そこで、以下に、簡単に実践でき、なおかつ大腰筋を効率的に使えるようになる方法を紹介しましょう。

足が速くなる「足振り」

最初に紹介するのは、サトルムーブメントを活用した「足振り」のエクササイズです。人体には、ある動作をする筋肉があれば、それと反対の動きをする筋肉が必ずあります。たとえば、太ももには、太ももを前に押し出す筋肉と後ろに引っぱる筋肉があります。このような反対の動きをする筋肉同士は、太ももの前と後ろというように隣り合っているために、癒着《ゆちゃく》を起こしやすくなります。

分かれているべき筋肉同士が癒着すると、それぞれの動きにブレーキをかけ合います。大腰筋のブレーキになる可能性があるのは腹直筋です(解剖学的には必ずしもそうとはいえませんが、機能的に見ると腹直筋は大腰筋の動きをじゃまするというのが、アメリカのボディワーク「ロルフィング」の考え方です）。大腰筋が活性化されていない状態で、腹筋運動で腹直筋を鍛えた場合、さらに大腰筋にブレーキがかかってしまいます。

したがって、大腰筋のエクササイズをする場合、大腰筋だけを動かす方法によって、初めて大腰筋を効率的に活性化できるのです。

そのためにおすすめの方法が足振りです。これにより、大腰筋を自然に使えるようになります。その結果、姿勢や立ち居振る舞いが美しくなるだけではなく、足が速くなることも可能です。足振りは体に負担をかけないので、子供からお年寄りまで安心して行えます。

足振りのやり方

足振りを行うには、まず一〇センチくらいの高さの、足を乗せる台を用意します。体重をかけて安定するものであれば、たとえば電話帳などを二冊重ね、ガムテープなどで固定して使ってもかまいません。用意ができたら、以下のように行います。

❶台の上に片方の足を乗せて立つ

図 4-2 足振りのやり方

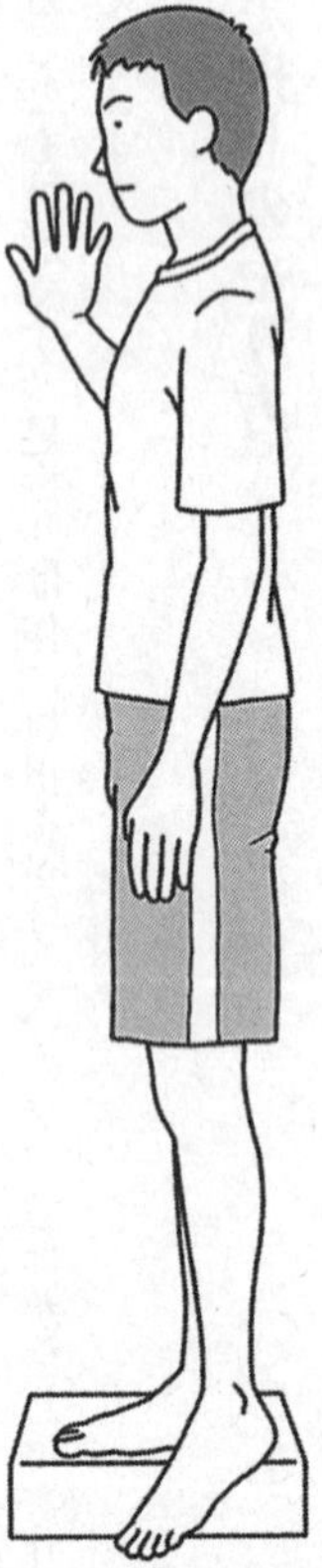

❶10センチくらいの高さの台の上に片方の足を乗せて立ち、体をまっすぐに安定させて、背中をスッと自然に伸ばす

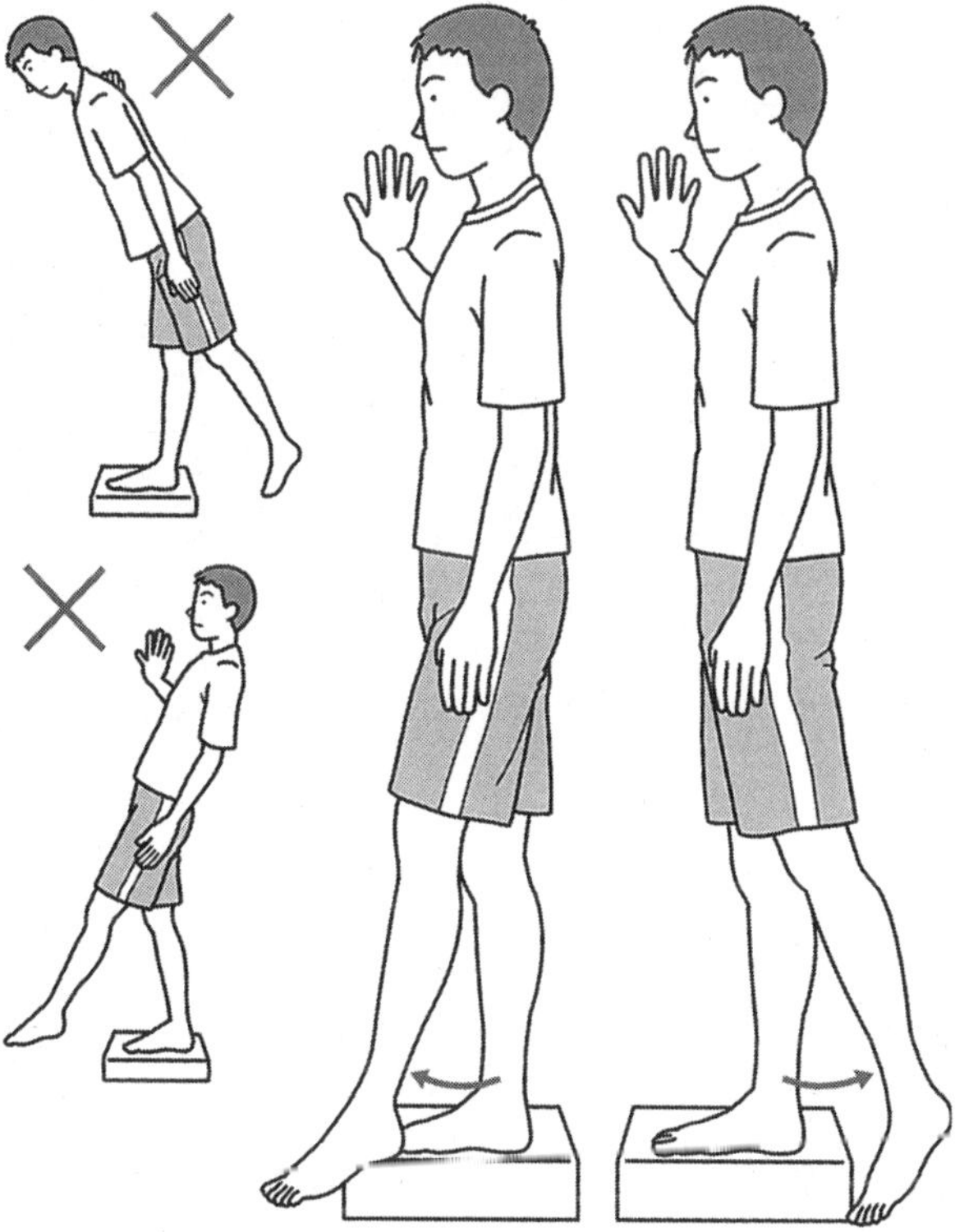

❷台に乗っていないほうの足を股関節からゆっくりと静かに前後に振る。足を振るにつれて、大腰筋が活性化して伸びてくることをイメージしながら、歩くときの1歩よりも小さいくらいの歩幅で、1分間に30往復くらいのテンポでゆっくりと振る

※1日に1度、片方の足を3分間振り続け、反対側の足も同様に行う

腕（できれば両腕）を壁につけて、体をまっすぐに安定させてください。家の廊下などで行うと、左右両方の壁に腕をつけるのでやりやすいでしょう。

台の上に立ったときに、正面から見て骨盤の左右が水平になるように姿勢を意識してください。上半身はよけいな力を入れずに、背中をスッと自然に伸ばします。

❷台に乗っていないほうの足を、股関節《こかんせつ》（太もものつけ根の関節）からゆっくりと静かに前後に振る

体はまっすぐに保ち、足の動きに合わせて前後しないよう注意してください。股関節から振る意識を持ち、ひざの力は抜くことが大切です。

大腰筋を活性化するのにはサトルムーブメントが重要です。足振りにおいても足を大きく振る必要はありません。歩くときの一歩よりも小さいくらいの歩幅で、一分間に三〇往復くらいのテンポでゆっくりと振ります。

❸足を振るにつれて、大腰筋が活性化して伸びてくることをイメージする

筋肉はイメージすることでより効率よく活性化、強化できます。「足が腰から伸びている」「胸から足が伸びている」とイメージしながら、片方の足を三分間振り続け、反対側の足も同様に行います。

また、補助する人がいる場合は、大腰筋の出発点である腰椎の付近に手のひらを当

て、足の動きに合わせて軽く押してあげてもよいでしょう。背中の部分の動きがどんどん大きくなるのがわかるはずです。

トップアスリートのなかには、足振りをトレーニングの一環として行っている人もいるようです。それらの選手は大腰筋がすでにじゅうぶんに活性化しており、質のよい大腰筋を手にしているので、何百回、何千回と足を振るケースがあります。

しかし、それは、彼らが大腰筋をはじめとする深層筋、そして表層筋もじゅうぶんに鍛えられているからできることです。ほとんどの人はこれまで大腰筋を使っていないはずです。決してやりすぎないよう注意してください。

目安は、「きついな」と思ったらそれ以上やらないこと。足振りをやるのは、一日に一度、一度につき五〜六分でかまいません。**何日か続けて飽きてきたら、いったん休んで、やる気が出てきたらまた始めましょう。**「毎日やらなくては」と思うことはストレスになり、かえって効率が悪くなります。

なお、最初に足振りをやるときに、ぜひ試してもらいたいことがあります。それは、片方の足を振ったら、**いったん足振りを中断し、少し歩いてみることです。**足振りが正しくできていれば、振ったほうの足だけが前に出やすくなったり、あるいは足が長くなったような感じがしたりと、なんらかの変化があるはずです。

コラム②

足振りで体に竹のようなしなりができた

野澤武史（のざわたけし）――神戸製鋼ラグビー部コベルコスティーラーズ

■つけた筋肉を「使える状態にする」ことが重要

二〇〇〇年一月十五日、この日は一九九九年シーズンの全国大学ラグビー選手権決勝の日でした。私は慶應義塾《けいおうぎじゆく》大学ラグビー部のメンバーとして試合に出場し、関東学院大学を二七対七で破って大学日本一の座を手に入れました。

ラグビーは十五人の選手が力を合わせて行うスポーツです。しかし同時に、それぞれの選手の運動能力や技術を結集するという意味で、それぞれの選手のレベルアップは必要不可欠です。

もちろん、私はラグビーを始めて以来、さまざまな練習をしてきました。私のポジションはフランカーといって、相手とのコンタクトの多いフォワードの一員です。体をはってボールを獲得するのがいちばんの役割なので、フォワードには身長も高く体重も重い、いわゆる大男が向いています。

しかし、私の身長は一七〇センチそこそこで、体重もそれほど重くありませんでした。それでは、大きな相手とぶつかり合ったときに、一発で吹っ飛ばされてしまいます。そこで私は、相手に当たり負けない体をつくることを目標にして、食事量をふやし、バーベルやダンベルなどでウエイトトレーニングを一生懸命やりました。

そのかいあって体重は九〇キロにもなり、胸も厚く、腕や太ももも見違えるように太くなって、大きな相手に負けないだけの体重とパワーを手に入れることができました。

そんな私が、「足振り」を始めたのは、大学二年になってからです。私は大学の近くの鍼灸院《しんきゅういん》で定期的に体の手入れをしてもらっていましたが、そこの先生がトレーニング法の一つとしてすすめてくれたのです。

足振りは、片方の足を台に乗せて立ち、もう一方の足を時計のふりこのように前後に振るだけの簡単なものです。最初に足振りを教えてもらったときは、こんなものが本当にトレーニングになるのかと半信半疑でした。

そこで先生に聞いたところ、これまで思いもしなかった、体に対する考え方を話してくれました。

それまでの私は、筋肉の量をつけ、さらにそれを硬く鍛えてきました。たとえば、ベンチプレスでそれまで一二〇キロまでしか上がらなかったのが、一三〇キロが上がるようになれば、一〇キロ分強くなったと考えていました。

しかし、先生によると、スポーツで重要なのは、それまでに体についた筋肉を「使える状態にする」ということでした。そのためには、体の奥のほうをしなやかにする必要があるといいます。そして、足振りをやっていけば、ゴムや竹のように、ぶつかってもへこまずに、跳ね返したり吸収したりする、しなやかな体になれるらしいのです。

確かに、筋肉の量があって、さらにそこに割れ目が入っているということは、筋肉が収縮している状態です。これは、力んでいるのと同じなわけで、決してよい体の状態ではありません。

それまで自分が行ってきたトレーニング法とはまったく違った考え方に、多少のとまどいはありましたが、信頼している先生だったので、とにかく足振りをやってみることにしました。

■体の奥に芯が一本通った柔らかさ

最初は先生に補助についてもらい、足振りの感覚を覚えました。そして、感覚をある程度覚えてからは、片方の足につき一日四百回を基本に、徐々に足を振る回数をふやしていきました。

足振りは、太ももの筋肉を使わずに体の深い場所にある深層筋の一つである大腰筋を使って行います。大腰筋が使えているかどうかは、疲れずに足を振れるかどうかでわかります。最低でも四百回振るので、太ももに力が入っていては疲れてしまうのです。

正しい方法で足が振れていれば、四百回振ってもまったく疲れません。五百回でも六百回でもできます。言い方を変えれば、これだけの回数の足振りをしていると、自然に力みが抜けて、正しいやり方になるのです。

こうして足振りを続けていたところ、明らかに体の様子が変わってきました。

まず第一に言えるのが、疲れなくなってきたことです。練習でダッシュを何本もやることがありますが、一本目のダッシュと一〇本目のダッシュを比べても、そのスピードがあまり変わらないのです。

また、同じくダッシュをするときに、足を踏み出す一歩目がとてもスムーズに、素早くできるようにもなりました。これはラグビー選手にとっては、相手に抜かれるか、タックルで倒すかの場面で非常に重要なことです。

そして、先生がいわれたとおり、竹がしなるような体になったというイメージができてきました。感覚的なことなので言葉にしにくいのですが、相手に正面からぶつかっていくときに、トラック対乗用車のようにガツンと当たるのではなく、トラックに対して竹やゴムマリのような体の使い方ができるようなイメージです。足振りを始めてからは、大きなケガをしなくなったのも、このイメージができた影響ではないでしょうか。

ラグビー以外でも、足振りのよい影響が現れているようです。というのも、筋肉がたくさんついていたからでしょうか、以前の私は肩が前方に閉じ、お尻が縮んで落ちているような姿勢をしていました。それが、胸が開いてスッと立ってるような姿勢に変わってきたのです。

姿勢がよくなった影響なのか、身長も実際より高く見られることが多くなりました。おかげで、ラグビーの試合でも、相手に与える印象が違ってきたようです。

また、足振りを続けていると、体がとても軟らかくなります。しかも、コンニャクのようなグニャグニャの軟らかさではなく、体の奥に芯が一本通っているような軟らかさ、しなやかさです。

足振りを始めて、あらゆる場面でのパフォーマンス（行動）が向上したのは自分でもよくわかります。大学選手権で優勝し、さらに個人的には日本代表にも選ばれたのが、足振りに出会ったのと同じシーズンだったのは、偶然ではないでしょう。
　現在、私は日本のラグビーの最高峰のリーグである「トップリーグ」でプレーをしています。日本のトップ選手たちとのゲームは厳しい場面ばかり。そのなかで勝ち抜くためには、日々のトレーニングとコンディショニングが不可欠です。そのためにも、足振りを大いに活用しています。

野澤武史【のざわ　たけし】
一九七九年、東京都生まれ。慶應幼稚舎五年生でラグビーを始め、慶應高校三年生のときに花園に出場。慶應大学二年生で大学選手権を制覇。翌シーズンに日本代表に選出される。二〇〇二年、神戸製鋼に入社。神戸製鋼コベルコスティーラーズへ。日本代表キャップ四。現在、慶應高校アシスタントコーチ。

美しく効率のよい「大腰筋歩き」

次に紹介するのは、能の基本的な動きである「すり足」のエクササイズです。

欧米の人が現代の日本人の歩き方を見たときに、「なんで頭がピョコピョコ動くの？」と口をそろえて不思議がります。

そういわれて注意してみると、確かにほとんどの日本人が、頭を上下に動かしながら歩いています。一方、欧米の人は、歩いていても頭の位置があまり上下しません。また、日本人は猫背で歩幅が小さいのに対して、欧米の人は胸を張って、大股でさっそうと歩いています。

これは、日本人の多くが「ひざ下歩き」で、欧米の人は「大腰筋歩き」をしていることの違いによるものです。

大腰筋歩きは、足が腰から伸びているような歩き方です。実際に、大腰筋は腰椎の両側から出ているので、大腰筋歩きには長い足で歩くイメージがあります。これに対して、ひざ下歩きの場合、ひざから下だけが足の動きをするので、とても短い足のイメージになってしまいます。

欧米人（左）と日本人（右）の歩き方の違い

和服に下駄や草履《ぞうり》をはいていたころまでは、足をすらなければ歩きにくいので、日本人も大腰筋を使って歩いたはずです。しかし、和服が洋服になり、下駄や草履が靴やハイヒールへと変わって年月が浅いため、徐々にひざ下歩きになってしまったのかもしれません。欧米人は背すじを伸ばして馬に乗ったり、靴をはいて生活したりする文化が長いため、大腰筋歩きを維持しているとも考えられます。

歩くというのは、股関節を支点にして太ももを上げる動きです。しかし、日常生活でこの動きを太ももの筋肉を使って行っているため、それに連動してふくらはぎの筋肉が酷使され、歩くだけで疲れてしまいます。この疲れた状態で歩くと、ひざ下歩きになるのです。

これに対して、大腰筋を使った歩き方は、太ももを上げる動作を大腰筋にまかせられます。すると、ひざがゆったりと伸び、腰から足が出ているような意識で歩くことが可能になります。足全体がリラックスするので、何よりも楽なうえに、モデルのようなかっこうのよい歩き方になります。

侍《さむらい》がいた時代や和服を着ていたころに、私たち日本人が大腰筋歩きをしていたということは、大腰筋歩きは本来の「和の歩き方」といえるでしょう。大腰筋を活性化し、「和の歩き方」をするには、能の動作の基本でもある「すり足」をすることが最も効果的です。

動作が機敏になる「すり足」

すり足の動作を細かく見ると、

❶股関節から足を出す

❷つま先が自然に上がる
❸つま先を下げる
❹床をつかむ

の四つのパートに分けることができます。まずは、それぞれのパートの動きを知っておきましょう。

〈股関節から足を出す〉

すり足の最初の動作は、足を一歩出す動きです。「すり足」という言葉から、足の裏や指に意識がいきがちですが、大切なのは股関節の動きです。

すり足は、ひざを軽く曲げた姿勢から大腰筋をわずかに動かすことで足を前に出します。このわずかな動きが、すり足の最も重要な部分で、同時に大腰筋を活性化させるうえでも大切です。かかとは床につけたままにします。

〈つま先を上げる〉

かかとをつけたまま足を一歩前に出すと、つま先は自然に上がります。つま先だけが上がるのではなく、かかとは着けたまま、足首を支点として足全体が上がります。

〈つま先を下げる〉

三つめのパートは、足首を支点につま先を下げる動作です。ふだん、私たちが歩い

図 4-3 すり足のメカニズム

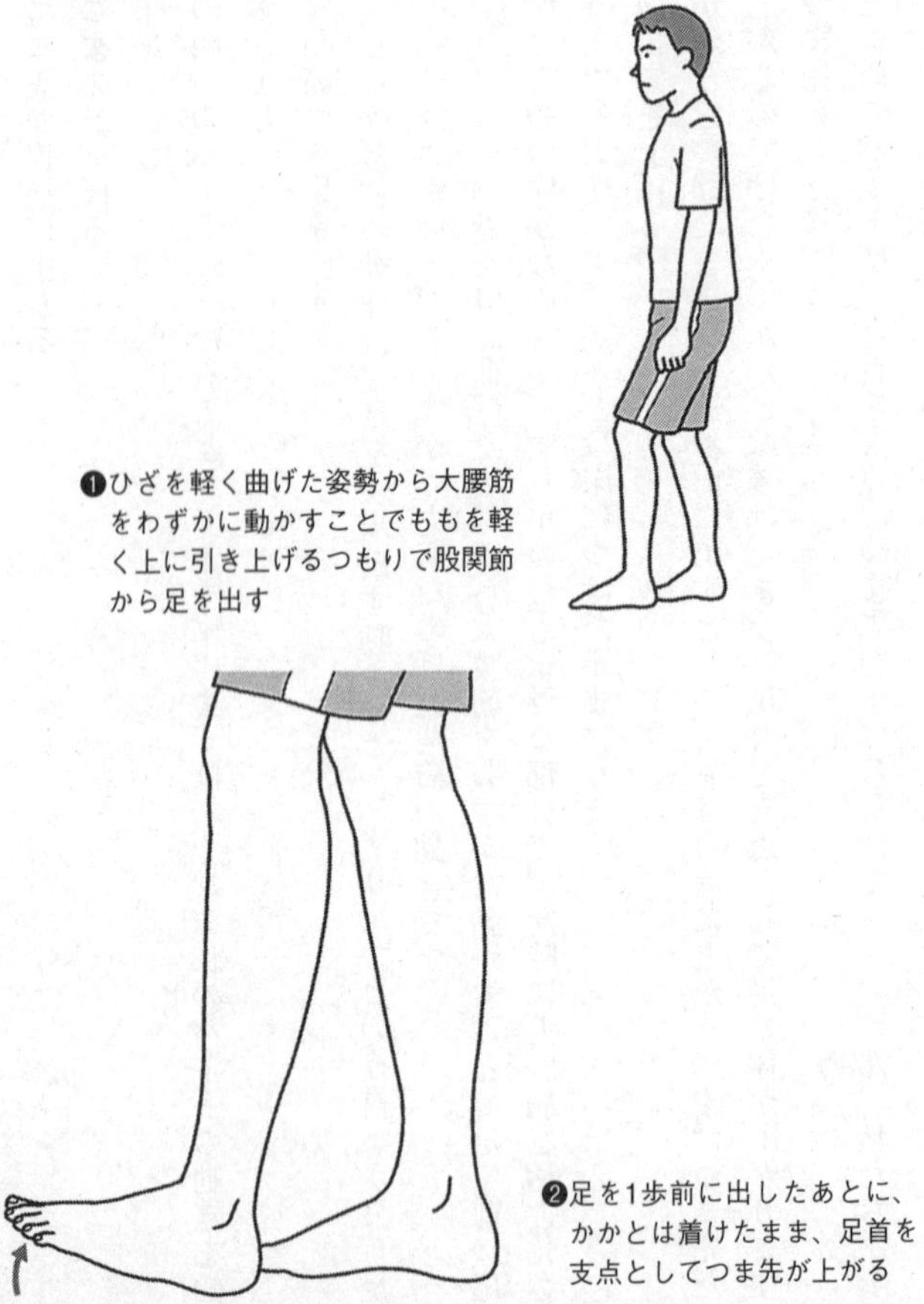
❶ひざを軽く曲げた姿勢から大腰筋をわずかに動かすことでももを軽く上に引き上げるつもりで股関節から足を出す
❷足を1歩前に出したあとに、かかとは着けたまま、足首を支点としてつま先が上がる

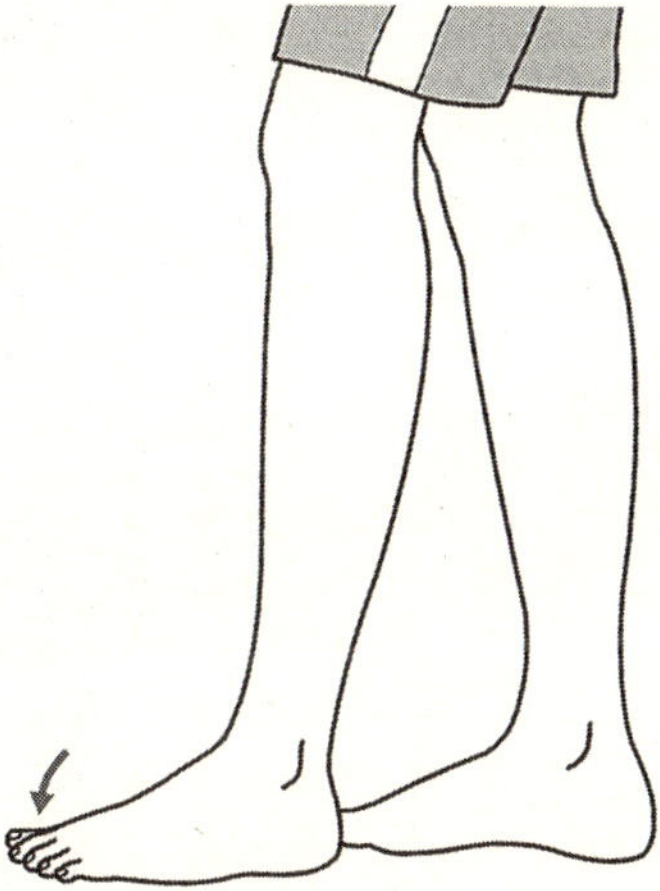

❸ふくらはぎの深い部分にある深層底屈筋を使って足首を支点にしてつま先を下げる

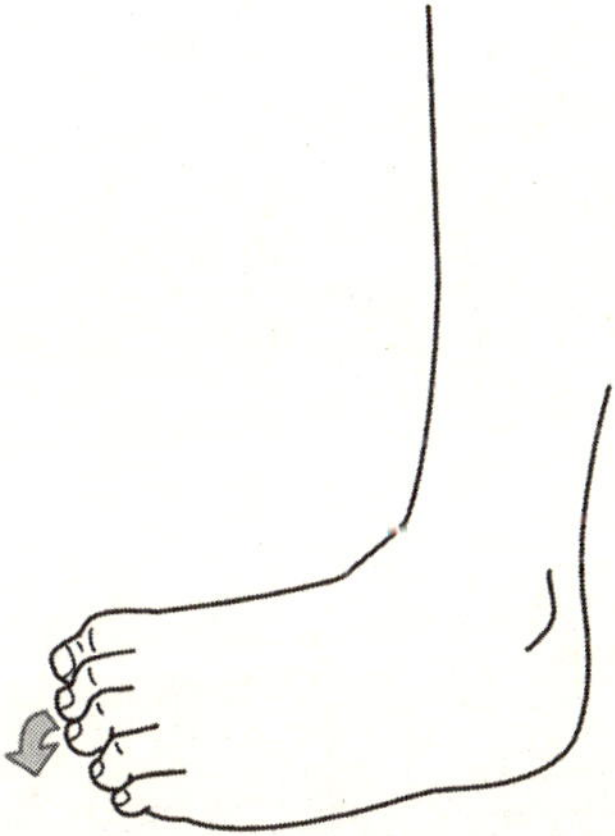

❹反対側の足が次の1歩を踏み出すのを支えるために、指先で床をしっかりつかむ

ているときは、ふくらはぎの筋肉がこの動作を行っています。表層筋を使うので疲れやすくなりますが、すり足では、ふくらはぎの深い部分にある深層底屈筋《しんそうていくっきん》という深層筋が行います。深層底屈筋は、太ももの深くにある内転筋群《ないてんきんぐん》とつながり、そのまま大腰筋につながります。

〈床をつかむ〉

すり足の最後のパートは、反対側の足が次の一歩を踏み出すのを支えるために、指先で床をしっかりつかむ動きです。

能楽師は、このような要素のあるすり足をくり返し稽古することで、知らず知らずのうちに大腰筋が活性化し、一般に高齢といわれる年齢になっても、重い装束《しょうぞく》を着けて一時間以上も舞ったり、助走なしでジャンプしたりするなどの激しい舞台に耐えられるのです。

では、すり足がどんな運動能力に影響を与えるのかを考えてみましょう。

大腰筋の働きの第一は、太ももを上げる動きです。したがって、歩くことや走ることはもちろん、キックを含むあらゆるスポーツや武道に有効です。ほとんどのスポーツで歩いたり走ったりする動作は必要です。したがって、大腰筋が重要でないスポーツはないといってよいでしょう。とくに、歩いたり走ったりすることを目的とする陸

助走なしでみごとに跳び上がる津村禮次郎師。これも大腰筋のなせる技である　(写真提供＝森田拾史郎)

上競技では、大腰筋が使えているかどうかで成績に大きな違いが現れます。

また、大腰筋がうまく使えるようになると、太ももの前側の筋肉（大腿四頭筋など）への負担が減ります。そして、それと同時に、太ももの後ろ側の筋肉群であるハムストリングス（大腿二《だいたいに》頭筋《とうきん》など）を、これまで以上に使えるようになるので、バネのある動作が可能になります。

さらに、すり足は大腰筋だけでなく、足首の骨を意識するので、より自由な足関節の動きを生み出します。サッカーでは足首の柔軟性が重要であり、野球もさまざまな動作で足首が使われます。同じくスキーやスノーボードは、足首の微妙な動きで板を操作し、その動きを雪に伝えます。

意外なことですが、わずかな動き、そしてゆっくりな動作のすり足が、スポーツや武道のダイナミックな動作をするうえで非常に重要な役割を果たすのです。

ちなみに、能はもちろん、相撲や茶道でもすり足はとり入れられており、神官や忍者もすり足をします。ただし、それぞれのやり方は微妙に違いがあります。

それでは、すり足のエクササイズを紹介しましょう。


〈すり足の仕方〉（図4-4　一三二・一三三頁参照）

❶スカイフック感覚（天からつり下げられた感覚＝くわしくは七五頁を参照）でひざを軽く曲げて立ち、足首を支点に体をやや前傾させる。足の第一指（親指）と第二指（人さし指）を軽くつけ、第四指（薬指）と第五指（小指）とは軽く握るような意識を持つ

❷体を支えるほうの足に軽く重心をかけ、指でしっかり床をつかむ

❸反対側の足の大腰筋をわずかに収縮させ、床をするようにして一歩分前に出す。このときは股関節を意識するが、そうすると太ももの外側に意識が行くので、内股をするように足を出す

❹くるぶしあたりにある距骨《きよこつ》を支点として、出した足のつま先が上がる

❺上げたつま先を、同じく距骨を支点にして下げる

❻出した足で床をつかみ、反対の足の大腰筋をわずかに収縮させ、床をするように一歩分前に出す

①〜⑥を十分間行うことを一セットとし、一日二セット行いましょう。慣れてきたら、手のすいた時間に行い、すり足が日常化するようにします。

すり足は、最初はなかなかうまくいかないかもしれません。そのようなときは、二

図4-4 すり足の仕方

❶スカイフック感覚でひざを軽く曲げて立ち、足首を支点に体をやや前傾させる。足の第一指と第二指を軽くつけ、第四指と第五指とは軽く握るような意識を持つ

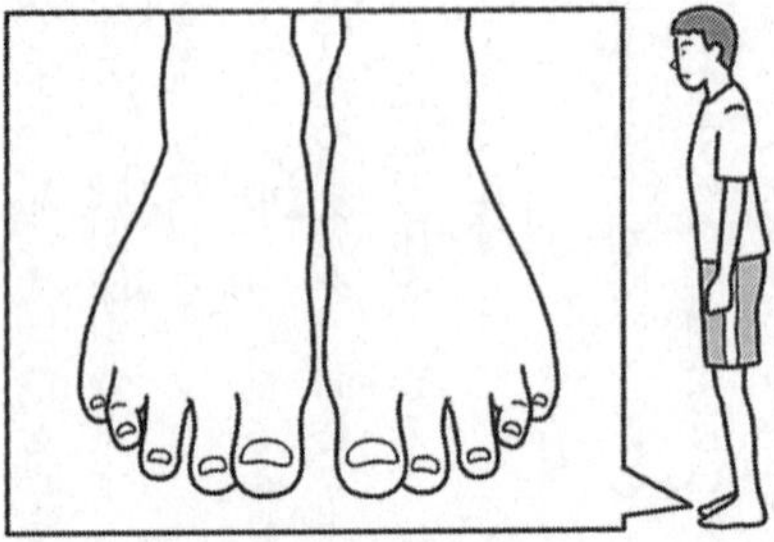

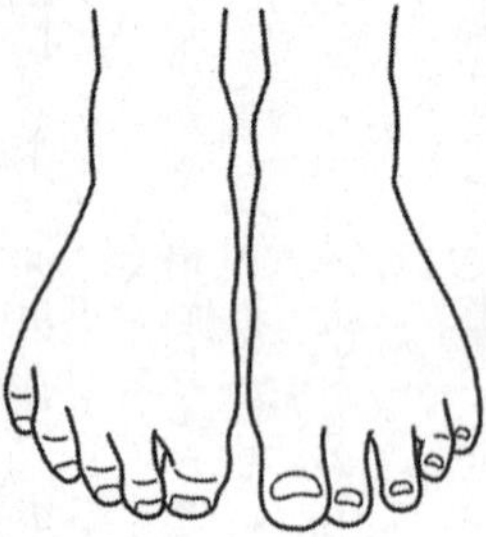

❷体を支えるほうの足に軽く重心をかけ、指でしっかり床をつかむ

❸反対側の足の大腰筋をわずかに収縮させ、床をするようにして1歩分前に出す。このときは股関節を意識し、内股をするように足を出す

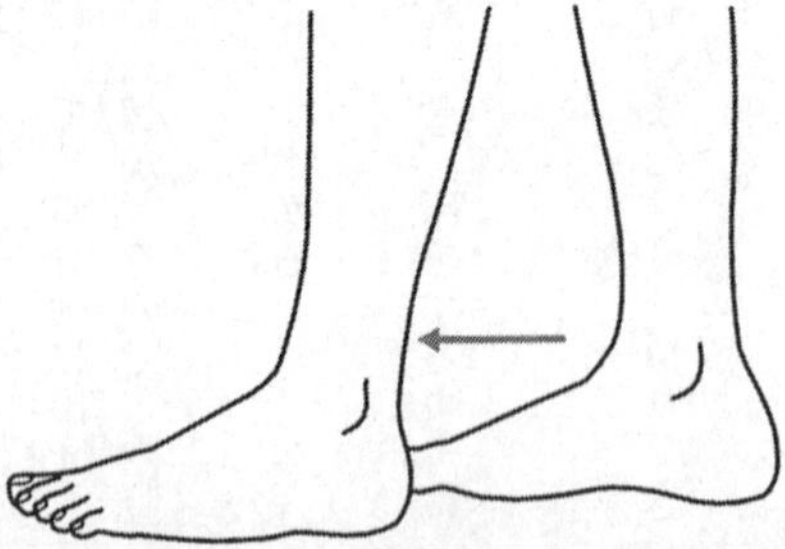

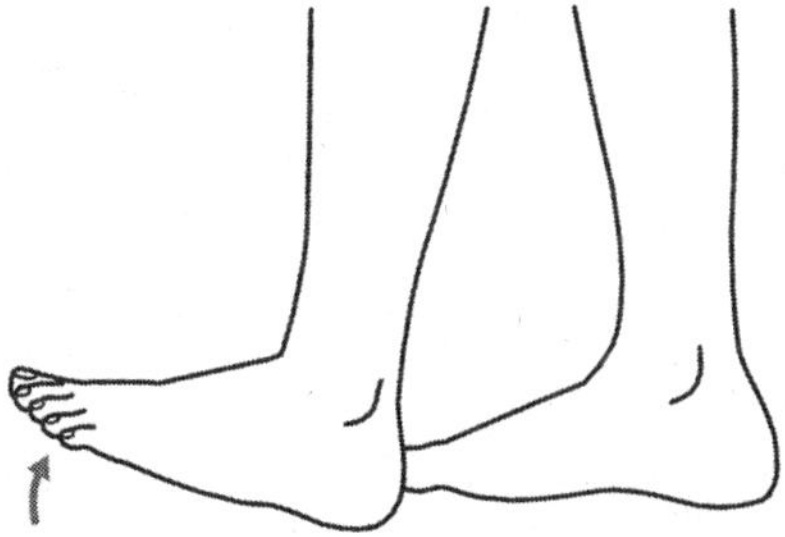

❹くるぶしあたりにある距骨を支点として、出した足のつま先が上がる

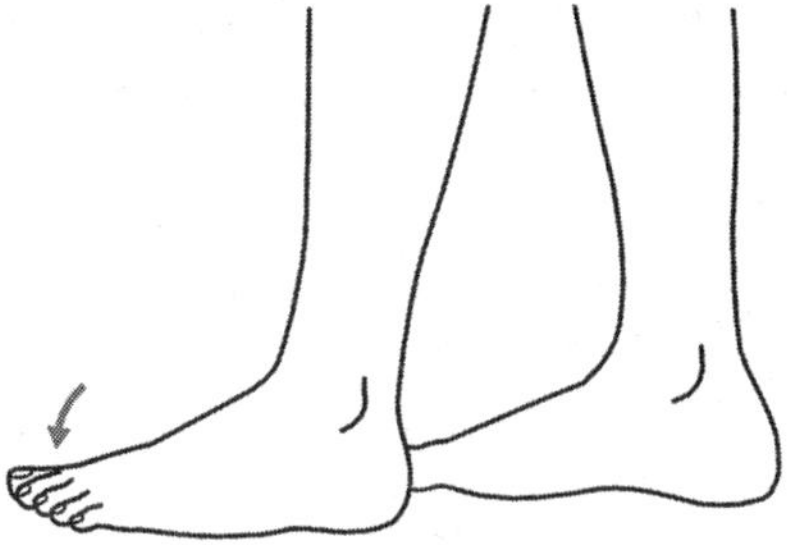

❺上げたつま先を、同じく距骨を支点にして下げる

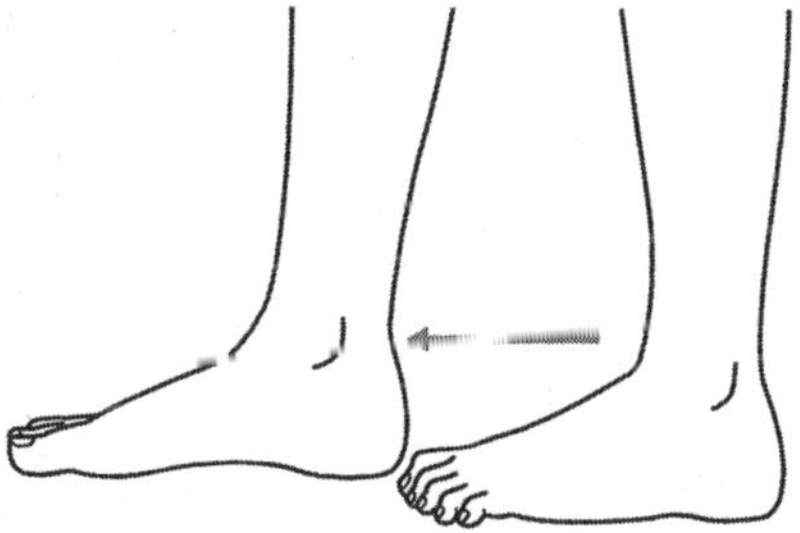

❻出した足で床をつかみ、反対の足の大腰筋をわずかに収縮させ、床をするように1歩分前に出す

※①〜⑥を10分間行うことを1セットとし、1日2セット行う

つ折りにしたタオルを股《また》の間にはさんで練習するとよいでしょう。

瞬発力と持久力がつく「新聞パンチ」

ゆったりとした動きが中心に思える能には、助走をつけずにその場で跳び上がる動作など、意外に瞬発力も必要です。また、一時間以上にも及ぶ舞台で舞い続けるには、持久力も要求されます。

そんなハードな舞台を、呼吸の妨げになる面《おもて》をつけながらも、平然とした顔で勤めている能楽師の先輩方の身体能力は驚異的です。

しかし、これも活性化した大腰筋を上手に使っているからこそ可能なのです。

本章の最後に、瞬発力や持久力がつき、しかもとても楽しいエクササイズを紹介しましょう。「新聞パンチ」と呼んでいるエクササイズです。

新聞パンチは、片方の手で持った新聞紙を、もう一方の手からくり出したパンチで、瞬間的に突き破るエクササイズです。

「なんだ、それだけのことか」という声が聞こえてきそうですが、新聞パンチを甘く見てはいけません。

能のワークショップでも子供たちは新聞パンチを行っている

試しに、新聞紙一面分を持って、パンチで突き破ってみてください。果たして、うまくできたでしょうか。新聞紙がめくれ上がらなかったでしょうか。

最初はほとんどの人が、思い切りパンチを出しても、新聞紙がめくれ上がるだけで、破れたり穴があいたりすることはまずありません。

しかし、大腰筋を使った呼吸とともにパンチを出せば、大人はもちろん、子供や女性、お年寄りでも新聞紙に穴があきます。一回のパンチで一日分の新聞紙に穴をあける子もいます。

それでは、新聞パンチのやり方を紹介します。まず、新聞紙一面分を用意してください。

〈新聞パンチのやり方〉（図4-5　一三八・一三九頁参照）

❶新聞紙の上端を、利《き》き腕とは反対の手でつかみ、自分の顔の前あたりにぶら下げるように持つ。体から力を抜き、パンチを出す利き腕を胸のあたりに自然にかまえる

❷ストローを使ったつもりで口から息を吐き、息を吸う。このとき、丹田《たんでん》（へそのすぐ下にある人体の重心）に力を入れ、肛門を引き締める

❸吸った息をおなかにぐっとためる

❹「ハッ！」という大きな声とともに息を吐き出しながら、新聞紙に向かってこぶしをまっすぐに突き出す。吐く息に勢いのある声を乗せ、体の中の空気を一瞬で吐きるつもりで行う

新聞パンチは一日一〇回ほどを目安に行ってください。

慣れてきたら、逆呼吸（息を鋭い勢いで吸いながら行う）も試してみましょう。こちらのほうがうまくいくという人もいます。

新聞パンチを行うさいには、ポイントが二つあります。

一つめは、下半身を安定させ、腕を自然にスッと前に突き出すことです。

二つめは「必ずできる」とイメージすることです。こぶしが新聞紙を突き抜けていく場面をイメージしてください。イメージが鮮明に描けると、不思議と成功することが多いものです。

とはいえ、すぐにできる人はほとんどいないでしょう。あまりむずかしく考えずに、遊び感覚でくり返しやってみてください。

なお、新聞パンチを成功させるためには、呼吸法と声も重要な要素になります。この呼吸法と声は、次章の「心」の部分にもつながります。

図 4-5 新聞パンチのやり方

❶新聞紙の上端を利き腕とは反対の手でつかみ、自分の顔の前あたりにぶら下げるように持つ。体から力を抜き、パンチを出す利き腕を胸のあたりに自然にかまえる

❷ストローを使ったつもりで口から息を吐き、息を吸う。このとき丹田に力を入れ、肛門を引き締める

❸吸った息をおなかに
ぐっとためる

❹「ハッ！」という大きな声とともに息を吐き出しながら、新聞紙に向かってこぶしをまっすぐに突き出す。吐く息に勢いのある声を乗せ、体の中の空気を一瞬で吐ききるつもりで行う。人さし指から小指までの4本の指をまっすぐにそろえること

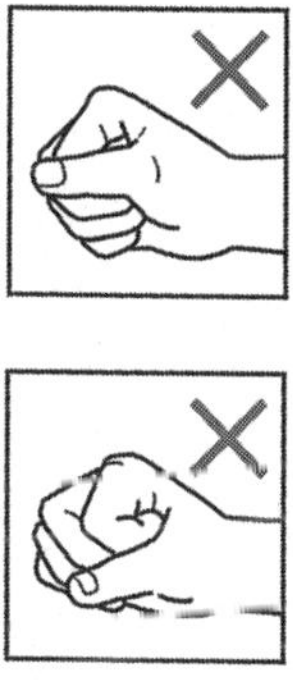

※1日10回を目安に行う

コラム③ 集中力がつく新聞パンチを空手に活用

前迫辰貴（まえさこ たつき）——学生・十五歳

僕が新聞パンチを始めたのは、能楽師の安田登先生の能のワークショップに参加したことがきっかけです。

能では謡《うたい》といって、能の台詞《せりふ》の部分に節《ふし》をつけて謡います。その謡の発声トレーニングの一つとして、新聞パンチを教わったのです。

安田先生に新聞パンチのやり方を教えてもらい、僕なりにパンチのイメージをつくってみました。パンチをするというより、突くという感じです。というのも、僕は空手をやっていて、その突きでなら「絶対にできる」と思ったからです。

手に持った新聞紙はヒラヒラしていますが、突いたら想像以上に硬い感じがしました。それでも新聞パンチは簡単で、二〜三回で新聞紙に穴があくようになりました。

空手で突きをするときに、僕は相手の向こう側を見通すようなイメージで突きます。

たとえば、相手の腹を突く場合は、腹の表面ではなく、背骨の先まで見通して突くイメージです。

新聞パンチもこの突きと同じ感覚なのです。新聞紙はこぶしの通過点で、新聞紙の先にミットがあって、そこにパンチが届くイメージでやると穴があきます。

新聞パンチを始めてからは、能の謡の声もしっかり出るようになりました。また、空手の稽古や試合でも集中力がついて役に立っています。

前迫辰貴くん

コラム4 新聞パンチで剣道の打ち込みが鋭くなった

都筑高志（つづきたかし）―学生・十四歳

僕は剣道をしていて、現在、二段です。得意なのは相手の面を打つことです。僕のイメージでは、面を打つときは相手の面のところで竹刀《しない》を止めるのではなく、肩のところまで竹刀を食い込ませるような感覚で竹刀を使います。そのときは、目の前の相手の後ろにもう一人別の相手がいて、その相手まで倒すつもりで竹刀を打ち込むと、うまく決まります。

これと同じイメージでやっているのが、新聞パンチです。

剣道以外にも僕は能のワークショップに行っています。新聞パンチは、そのワークショップで指導してくれている能楽師の安田登先生に、能の稽古で謡（能の歌）の発声トレーニングとして教わりました。

最初は新聞紙にパンチを打ち込んでも、新聞紙がめくれ上がるだけで、穴はあきませんでした。そこで、剣道の面を打つイメージでやったところ、五回目くらいで新聞紙に穴があいたのです。新聞紙が前後に二枚並んでいて、月の前の新聞紙ではなく、向こう側のもう一枚を狙うようにすると、スパッと穴があきます。

　新聞パンチを始めてからは、剣道の稽古でもすごくイメージがふくらむようになり、前よりも打ち込みが鋭くなった気がします。

都筑高志くん

　また、能の謡でも声がよく出るようになりました。新聞パンチを始めて二週間後に舞台があったのですが、安田先生には「二週間でずいぶんと迫力のある声が出るようになった」とほめられました。
　能の謡に役立つ新聞パンチと、剣道に共通点があることは不思議な感じがします。新聞パンチは楽しくできるので、これからも続けて、能や剣道の上達に役立てたいと思います。

コラム⑤

新聞パンチで私はランニングタイムが上がり息子は集中力がついた

萩原明（はぎわら　あきら）――会社員・五十一歳

■最初は新聞紙がめくれ上がるだけだった

私が能楽師の安田登先生の身体操作の講座を受講したのは、平成十八年のことです。私が四十七歳のときに始めたランニングで、無理な負担をかけずに効率的に体を動かすにはどうすればよいのかを知りたかったからです。

私はそれまでスポーツとはほとんど縁がなく、ランニングを始めた当初は故障の連続でした。自分なりに体の動かし方を勉強して実践し、どうにかフルマラソンで三時間三十分を切れるようになりました。

安田先生の講座を受講したのは、もっと効率的に体を動かせれば、さらにタイムが上がるのではないか、と考えたからです。そして、その講座で教わった方法の一つが、「新聞パンチ」でした。

新聞パンチは、新聞紙一面分を片方の手で持ち、もう一方の手のこぶしでパンチを打って、新聞紙を突き破るというものです。

体の使い方のエクササイズというよりは、子供の遊びのような気がして、「新聞紙を破るのなんて簡単さ」などと軽く考えていました。

しかし、何度やってもうまくいきません。力を入れれば入れるほど、「パシッ」という音は大きくなりますが、その音の大きさに比例して、新聞紙が向こう側に大きくめくれ上がるだけなのです。

隣を見ると、女性の受講者がいとも簡単に、パンチで新聞紙に穴をあけています。そんな彼女を見てメラメラとライバル心が燃えてきましたが、けっきょく、新聞紙を突き破ることはできませんでした。

あまりの悔しさと、何か楽しみを感じた私は、帰宅後も新聞パンチの練習をしました。すると、そこに「お父さん、何をしてるの」と小学四年生の息子がやって来て、私をまねて新聞パンチを始めたのです。

するとどうでしょう、穴こそあかなかったものの、新聞紙はめくれ上がらず「ピシャーン」という小気味よい音を立てるではないですか。

この日から、親子そろって新聞パンチにすっかりハマったのです。

■一キロ走のタイムが十五秒も向上

それからというもの、夕食後、毎日のように私と息子は新聞紙にパンチをしています。最低でも五分、調子がよい日は三十分も新聞パンチを続けます。

そのうち、私たちのこぶしは新聞のインクで真っ黒になり、床にはボロボロになった新聞紙が山のように散らかるようになりました。仕事で帰宅が遅い妻が帰って来て、その様子を見たときは、すっかりあきれ顔をされてしまいました。

そして、新聞パンチを始めて三日め。初めて新聞紙にきれいな穴があきました。体から余分な力を抜き、肩からこぶしを前に送り出すようにすれば、新聞紙はうまく破れるようです。

しかし、コツをつかんだと思っても、次の日にはま

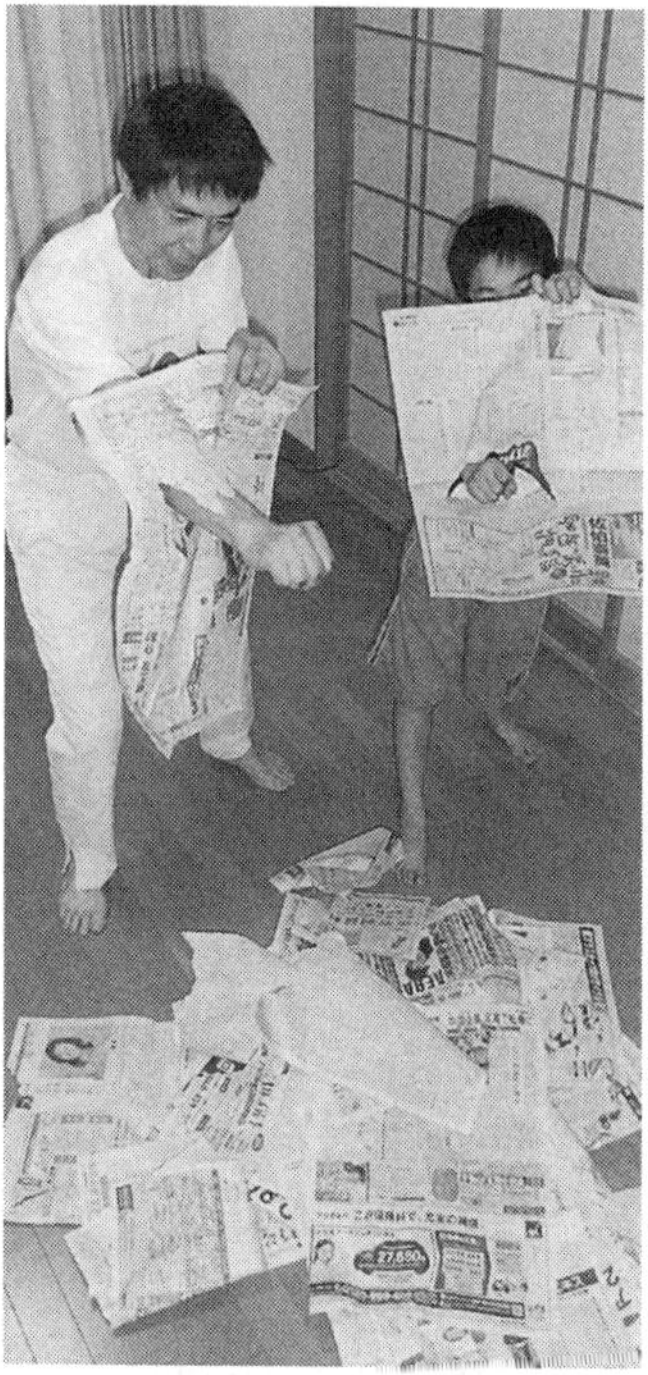

親子で楽しみながら続けている

た穴はあかなくなってしまいます。そんなことのくり返しですが、一カ月ほどで二回に一回は穴があくようになりました。

息子はというと、すでに百発百中です。私は四枚重ねの新聞紙に穴をあけるのが精一杯ですが、息子は最高で八枚重ねの新聞紙に穴をあけました。

こうして新聞パンチを始めて一カ月ほどで、私のランニングに変化が出てきました。毎朝の日課にしているランニングのときに、以前より楽に走れるのです。夏の暑い時期などは、せいぜい五～六キロしか走れませんでしたが、それが一二～一三キロを余裕で走れるのです。また、一キロを走るのに四分三十秒を切れなかったタイムが、四分十五秒まで上がってきました。

このことを私のブログ『ランニングおやじの野望』に書いたところ、大反響で、新聞パンチをトレーニングにとり入れた仲間もいます。

また、息子にも変化が現れました。息子は剣道と囲碁《いご》をやっていますが、それらの稽古や練習、試合での集中力が以前より増したようなのです。

いまでは、親子ともども、「アチョーッ」や「キエーッ」と奇声をあげて楽しく新聞パンチをしています。あとかたづけはたいへんですが、息子との楽しいコミュニケーションの時間には満足しています。

【第五章】

心を鍛える「和の所作」

日本人の心は腹にあった？

本章では、心を鍛えるための「和の所作（身のこなし）」を紹介します。心を鍛えるポイントになるのは、「呼吸」と「発声」です。

昔の日本人、とくに武士は、「心はどこにあるのか」と問われれば、即座に腹を指したでしょう。忠誠心を疑われるようなことがあると切腹をしたのは、腹の中にある心を見せるためでした。

もちろん、現代の日本人にとっても腹は重要です。腹に関する慣用句を調べてみると、心と関係のある言葉がたくさんあります。

たとえば、心を開いて話すことを「腹を割って話す」といいます。また、「腹を探る」ことで相手がどんな考えや気持ちでいるのかを見きわめます。怒ったときは「腹が立つ」わけで、さらに怒りが大きくなると「腹わたが煮えくりかえる」ことになります。

何か決心したときは「腹をくくる」といいますが、これは武士の作法からきた言葉です。武士は自分の命をかけて目上の人をとがめようとするときは、陰腹《かげばら》といって先に切腹をしておいて、腹をサラシでくくって目上の人のところに行きました。武士が目上の人をとがめることは、当時は大きな覚悟がいることだったのです。その精神が、同じ意味で切腹のなくなった現代まで生きているというわけです。

また、腹にはもう一つの脳があるとも考えられてきました。腹にあると考えられていた脳のことを「腹脳《ふくのう》」といいます。頭の脳で考えると間違ってしまうことでも、腹脳で考えることでしっかりした選択ができるのです。

このように、昔から、日本人にとって腹はとても重要なものであり、それはいまでも変わることはありません。

声はよくも悪くも「越える」こと

私たち人間は社会的な生き物なので、まわりの人たちとコミュニケーションをとる必要があります。そのとき、心が腹にあるとはいえ、「腹に収めて」いては相手に何も伝わりません。

人間同士がコミュニケーションをとるために使っているのが言葉で、言葉は声を発することで相手に伝わります。また、声はコミュニケーションをとること以外にも、重要な働きをしています。

「声」の語源は「越ゆ(越える)」だという説もあります。

人間がこの世に生まれて最初になす行為も、声を発することです。この「産声《うぶごえ》」は、赤ちゃんが安心して暮らせるお母さんのおなかの中から、厳しい現実世界へ生まれ出てくるときに発するものです。母親の胎内《たいない》の記憶を断ち切り、一個の人間としてある一線を越えたときに産声を発するように、私たちは何かを越えるときに声を使うといえるでしょう。

スポーツや日々の生活についても同じことがいえます。

テニスのマリア・シャラポア選手や卓球の福原愛選手、柔道の谷亮子《りょうこ》選手は、試合の前や試合の最中に、独特の声をあげます。彼女たちはそのときその瞬間に声を上げることで相手を越え、スマッシュをたたき込んだり背負い投げを決めたりしています。

一般の人でも、重い物を持ち上げるときに、「せーの」や「ウォーッ」などと声をあげます。これも、ふだん以上の力を出すときに自然に出るものです。声を出すことで「火事場のバカ力」のように自分の能力を越えた力を発揮できるのです。

ある重量挙げの選手は、最大筋力を出すには声が重要だと語っています。また、声を出すことで筋力が向上し、筋力が向上すると声も強くなるといいます。その結果、

呼吸が深くなり腹から声が出るようになると集中力もついてくる

新しい記録が生まれたり、勝負をものにしたりできるのです。
　このときの声は、シャックリをするときの仕組みといっしょです。シャックリは横隔膜（胸部と腹部とを分けている筋肉質の膜）がけいれんして起こるので、横隔膜による発声ということになります。
　実は、能の発声も横隔膜を使って行います。私の師匠である鏑木岑男師の圧倒的な声を初めて聞いたときの驚きは、いまでも忘れることができません。それは気管やのどから出る声ではなく、腹の底から魂を吐き出すような声でした。能の発声法は、腹を使うこと、つまり、横隔膜による発声法なのです。

一方、子供がキレるようなときにも、声を出します。いわゆる奇声です。キレるということは、精神状態が沸点を超えて起こるものだという人がいます。このとき発せられるのは、耳をつんざくような声ではあるものの、腹に響くような声ではありません。つまり、横隔膜を使った声ではないということです。

そうした子供でも、能の稽古をすると、呼吸が深くなり、横隔膜を使った声が出るようになります。そして、なかにはキレなくなる子供もいます。

能のワークショップにも、キレるとまではいきませんが、落ち着きがなかったり、すぐに飽きてしまったり、話を聞いていられなかったりといった子もいます。

その子たちに謡（能の歌）の稽古をすると、最初はか細い声どころか、声そのものがほとんど出ない子も少なくありません。しかし、能の呼吸法を練習し、謡の練習をするうちに、腹から声を出せるようになります。そして、それに伴って集中力もついてくるようになります。

彼らもまた、横隔膜を使って腹から声が出せるようになったことで、何かを「越える」のです。

呼吸と声で心が変わる

近ごろは、以前には考えられなかった猟奇的で残酷な事件が続発しています。報道などでは、「前からムカついてて」「がまんできなくなってキレてしまった」などという理由で、こうした事件を起こしたという話を耳にします。いったいなぜ、そんなことをしでかしてしまうのでしょう。

これについては、さまざまな研究がなされています。たとえば、日本大学文理学部の森昭雄《あきお》教授は、テレビゲームやパソコンに長時間興じると、脳の前頭前野《ぜんとうぜんや》という部分の機能が低下するといいます。森教授は、その状態を「ゲーム脳」と名づけています。

前頭前野は、理性や創造力など人間らしさに関係する機能をつかさどる場所です。道徳的な行動を促したり、ものごとを計画したり、衝動的な行動を抑えたりするといった働きをしており、人間の心に重大な影響を与えるといいます。

また、東邦大学医学部の有田《ありた》秀穂《ひでほ》教授は、脳のセロトニン神経が弱ると、うつ病やパニック障害、摂食障害などの精神症状が現れるという研究報告をしています。実際に、うつ病で自殺した人の脳を調べてみたところ、セロトニンの濃度が一般の人より低かったそうです。

セロトニン神経は快感、不快感に対して過剰に反応しない平常心を生み出すので、この神経が弱っているとキレやすいとも考えられます。

これらの説の正否は、これからの研究を待つとして、これらのことが脳や心に影響を与えるということはあるかもしれません。

感情、つまり、心は腹にあると日本人は考えました。したがって、感情を頭の脳から腹に落とすことで、心が落ち着くといえます。これは「腹をすえた」状態ですが、腹がすわっていないと、胸で呼吸をすることになります。そして、胸で浅い呼吸を続けていると、ストレスがたまり、息を深く吸い込みたくなります。そして、一瞬、大きく息を吸って、大声を出してキレてしまうのです。

誰でも、怒ることもあればムッとくることもあるでしょう。「腹にすえかねる」状態になるわけですが、それでも大人としての余裕がある人は、キレる前にグッと腹で踏みとどまります。しかし、怒ったときは、確かに心臓がドキドキして、呼吸が浅くなります。そして、怒りを静めて冷静になろうと努めるときには、自然と大きくゆっくりとした呼吸をするものです。

このように、ふだん無意識に行っている呼吸も心をコントロールしているのではないかと思われるのです。

武士の修身の流れをくむ能や武道では、腹に力をためることを重要視します。日本人は昔から、腹に力をためることで、さまざまな能力を発揮してきました。そのためには、やはり胸を使った浅い呼吸ではなく、腹を使った深い呼吸が基本になります。浅い呼吸から深い呼吸へ、そして腹からしぼり出すような声を出すことで、私たちの心も変わるのです。

呼吸と心の深い関係

ここで呼吸の心との関係を考えるために「息」という言葉について考えてみましょう。

「息」は「いき」と訓じられ、そしてその「いき」は「生き」に通じるといわれます。日本人は呼吸を生きること、すなわち生命活動そのものと考えていたようです。昔から長い息は「ながいき＝長生き」に通じるといわれてきました。それが語源的に正しいかどうかはともかく、呼吸が深く長い人は生命活動も活発で長生きもする、そんなふうな経験的実感があったのでしょう。

「いき」をあらわす「息」という漢字は、「自」と「心」から成っています。「自」という漢字を今から三千三百年ほど前の漢字で書くと左のようになります。これは頭蓋骨の真ん中にぽっかり空いた穴、すなわち「鼻」の形です。この字に「持ち上げる」という意味を表わす「畀」をつけると、「鼻」という漢字になります。

この「自」の字を「自分」という意味で使うのは、「自分」というときに鼻を指すからです。

さて、ここでやはり三千三百年くらい前の「息」という漢字を見てみましょう。三千三百年くらい前というのは、漢字ができたばかりのころです。その時代、漢字の種類としては（数え方にもよりますが）すでに五千種類くらいの漢字がありました。しかし、そんなたくさんある漢字の中に「心」という文字がないのです。「心」という漢字がないのですから、心がつく漢字、たとえば「悲」とか「悩」などもありません。ですからむろん「息」という漢字もありません。

「心」という文字ができるのは、それから三百年くらい経ったころです。では、当時の「息」はどんな漢字だったのか。それを見てみましょう。

当時の「息」という字は、このような文字です（右）。

鼻（自）の下から三本の線が出ています。この三本線は、たぶん息が出ているさまを表わしていると思われます。呼吸という意味を表わすには、これでも充分です。それなのにわざわざ「心」をつけたのはなぜなのでしょう。それは考えれば考えるほど面白い問題なのですが、ここでは二つのことだけをお話ししておきましょう。

それは古代の人たちが、「心」を使って呼吸がコントロールできるということと、呼吸によって「心」もコントロールできるということを気づいたからではないでしょうか。これについてもう少し詳しくお話しておきます。

最初に「心」を使った呼吸のコントロールの話です。

人間の筋肉には、自分の意思で動かすことのできる筋肉と、意思ではどうにもできない筋肉とがあります。

私たちがふつう筋肉というときは前者を指します。腕を曲げたり、足を出したり、体を倒したりするのはすべて自分の意思で行うことができます。このように自分の意思で動かせる筋肉を「随意筋」といいます。

それに対して心臓など、内臓の筋肉は自分ではなかなかコントロールできません。「心臓を止めてください」といわれて、「はい」といって止めたり、また動かしはじめたりできる人はほとんどいません。このような筋肉は「不随意筋」と呼ばれます。

では、呼吸に関連する筋肉、呼吸筋はどちらなのでしょうか。「息を止めてください」といわれれば「はい」と止められるので随意筋のようにも思われます。が、意思がないとき、たとえば眠っているときや気絶をしているときでも呼吸はしています。となると不随意筋なのでしょうか。呼吸筋は実はとても不思議な筋肉なのです。

呼吸筋は、本来は不随意筋だといわれています。自分の意思とは関係なく動いています。人間以外の動物を思い浮かべてみるとわかるでしょう。たとえば犬や猫が息を止めて遊んでいる姿って見たことないでしょ。敵を前にして「ウー」とうなる姿は目にしますが、力を溜めるために息をつめている姿を見ることはできません。人間以外の動物は（基本的には）呼吸を自分の意思（心）でコントロールしようとはしないのです。

ところが人間は「心」で息をコントロールします。息を止めて遊んだりもしますし、強い力を出すために息を止めたり、溜めたりすることをします。本来は不随意筋である呼吸を、人間は意思（心）の力でコントロールできてしまうのです。

これは想像ですが、「心」がなかった時代、人は呼吸をコントロールしようということもしなかったのではないかと思うのです。それが何かのきっかけで意思（心）を使って呼吸のコントロールを始めた。そのきっかけはたとえば弓を射るときに息をとめて狙いを定めたほうが命中しやすくなったとか、息を止めることによって水の中に潜ることができるようになることを発見した人がいたとか、そういう生活に関連したことだった。

が、呼吸をコントロールするといってもそう簡単にはいかなかった。本来は不随意筋であるわけですから当たり前です。いま私たちが心臓を止めたり動かしたりを自由にできないのと同じです。

が、今から三千年ほど前に「心」を発見した人間は、さまざまな試行錯誤の末に本来は不随意筋である呼吸筋を「心」でコントロールする、そんな技も身につけたのではないでしょうか。

これはすごいことです。

「息」という漢字を眺めていると、そんなすごい人間の努力の歴史も見えてきます。

さあ、本来はコントロール不可能な息を「心」でコントロールすることができるようになった人間は、それを繰り返しているうちに、その逆、すなわち呼吸を使って「心」をコントロールすることもできるということに気づき始めたのです。

これも最初は偶然だったでしょう。

猛獣を前に弓を引く。息を止め、あるいは深い息を繰り返し、呼吸を整えているうちに猛獣を前にしたときに感じた、あの恐怖感が薄らいでくることに気づいた。そんなことがきっかけだったかもしれません。呼吸で心がコントロールできることに気づいたことも、人類史上すごい発見のひとつだったでしょう。

江戸時代の禅僧、白隠禅師も心が病んだときに、最初は心を使ってなんとかしようとしました。が、心を使って心をコントロールすることの難しさに気づいてからは、「からだ」、すなわち呼吸を使った心のコントロール方法を開発し、自身の心の病も治しています。カウンセリングで話を聞いてもらってもなかなか解決しなかった問題が、深い呼吸を身につけた途端に解決をしたという話も聞きます。心で心をコントロールするのが難しい場合は、からだを使って心をコントロールするという方法も試してみるといいでしょう。

さて、私たちは安静時の呼吸では、筋肉を使うのは息を吸うときだけです。吐く呼吸には何もしなくても自然に行っています。自然な呼吸というのは、息を吸うときに筋肉を使い、吐くときには自然に任せる、それが自然呼吸です。

しかし、呼吸をコントロールしたり、心をコントロールしたりするときにはこの逆。むしろ「吐く息」を意識するといいのです。本来は何もしなくてもできる行為を意識して行う、それが自分の意思で呼吸をコントロールするときに大事なことです。

「深呼吸をしてください」といわれたら、最初に息を吐くでしょうか。それとも、まず息を吸ってから吐くでしょうか。

一般に、呼吸とは、酸素をとり入れることと思われがちです。そのため、「深呼吸をしてください」といわれると、ほとんどの人が最初に息を吸って、それから吐きます。

しかし、本来の呼吸とは、「呼（吐）・吸」という言葉を見てもわかるように、最初に息を「吐」いて、それから「吸う」ものです。実は、呼吸の「呼」とはもともとは強く息を吐く音、「ハッ」から生まれた言葉で、それから神霊を招く（呼ぶ）ような息や声を「呼」というようになりました。すなわち「呼」とは、息を「吸う」ことを「呼ぶ」行為であり、呼吸とは、息を「吐く」のが本来の行為なのです。

赤ちゃんは生まれたときに「オギャーッ」と泣き声をあげ、まずは息を吐いて呼吸を始めます。反対に人が亡くなるときは「息を引き取る」、つまり吸って終わります。「吐いて」人生を始め、「吸って」人生を終えるのです。

世の中にはさまざまな呼吸法がありますが、そのほとんどに共通しているのは、息を「吐く」ことを基本としている点なのです。

束ねたワラを居合いで切るときも息を吐いてから刀を振り下ろすといいます。居合いも能と同じく武士のたしなみです。したがって、和の呼吸法は吐くことで始まり、しかも呼吸とともにおなかをふくらませたりへこませたりする腹式呼吸が基本です。

大腰筋を使うと深い呼吸ができる

ここでひとつ注意を。腹式呼吸というとおなかがへこんだり、ふくらんだりするので、わざとそうしている人もいますが、それはあまり意味がありません。腹式呼吸を練習しているうちに自然にそうなるので、お腹だけを動かしても腹式呼吸になるわけではありません。また、どんなに深い呼吸になっても、そんなに大きく膨らんだり、へこんだりはしませんので、これも誤解のないように。

そして、腹式呼吸ができるには、それ以前の問題として胸のまわりの筋肉群がちゃんとゆるんでいる必要があります。胸式呼吸がちゃんとできないと腹式呼吸もできないのです。

ちょっとした実験をしてみましょう。

おうちにあるサランラップを胸部から背中にグルグルときつく巻きつけて、これで腹式呼吸をしてみてください。サランラップがすぐにない場合は、両手で自分を抱くように胸をきつく締めて、やはり腹式呼吸をしてもいいでしょう。

胸が固まっていると腹式呼吸もできないということがわかっていただけるでしょう。

呼吸のメカニズムはお話ししましたが、どんなに深い呼吸をしても、息が入るのは肺だけで、おなかには決して入りません。

腹式呼吸で深い呼吸ができるわけは、肺の下にある横隔膜を使うからです。横隔膜は実際にさわることはできませんが、その存在はみなさんご存じだと思います。シャックリをして「ヒック」となったときに、おなかのあたりがギュッと縮こまる感じがします。実は、シャックリは横隔膜がけいれんして起こる現象で、「ギュッ」となったのが横隔膜なのです。

図5-1 大腰筋の上下にある横隔膜（イメージ）

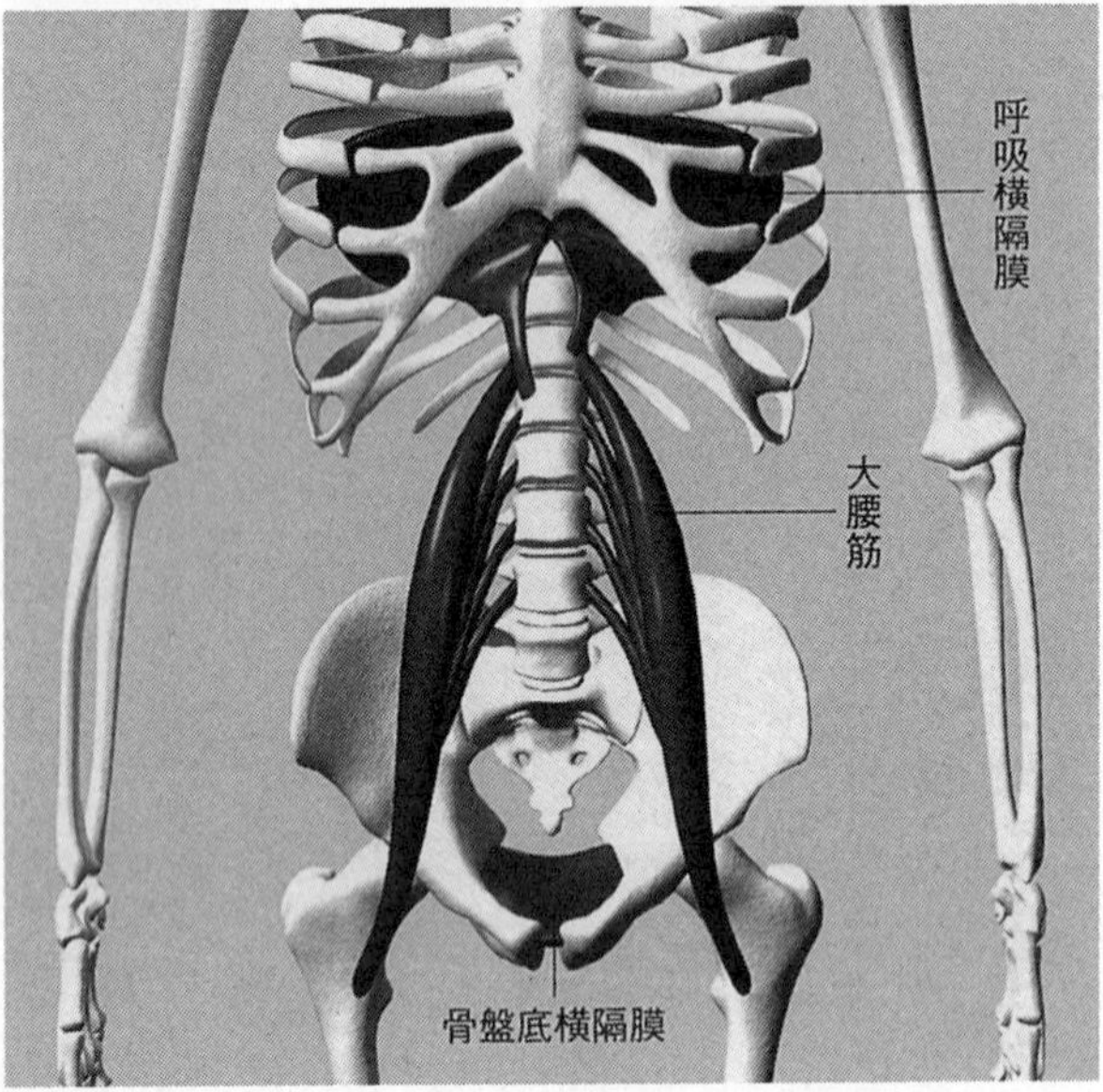

腹式呼吸でおなかがふくらんだりへこんだりするのも、この横隔膜に秘密があります。横隔膜は体を横切る膜のような広い筋肉で、その上には肺、下にはおなかがあります。おなかをドーム球場と考えると、横隔膜はドーム球場の屋根のようなものです。肺は屋根の上にあります。

このドーム球場自体に弾力性があり、ふくらんだり縮んだりしますが、同時に屋根の上にある肺の大きさも変わって呼吸が行われます。そして、屋根が下がったときに、下にある内臓が圧迫されるので、おなかがふくらんだりへこんだりするのです。こう考えると、腹式呼吸は横隔膜呼吸と呼んでもよいでしょう。

腹式呼吸の主役を務める横隔膜は、実は二カ所にあります。一つは一般に知られている横隔膜で、正式には「呼吸横隔膜」といって、肋骨の内側にあります。そして、もう一つが、骨盤のいちばん下の部分、骨盤底《こつばんてい》にある横隔膜で、英語では「pelvic diaphragm」といいます。直訳すると、「骨盤底・横隔膜」となりますが、通常は「骨盤底・隔膜」と訳されます。

大きな声を出すときには、肛門を締めるとよいといわれます。これは、第一の横隔膜である呼吸横隔膜とともに、第二の横隔膜である骨盤底横隔膜を動かすことを意味しています。

この上下二つの横隔膜と連動するのが、本書にしばしば登場する大腰筋です。したがって、大腰筋を活性化させると、とても深い呼吸ができるようになります。非常に深い呼吸は、上半身と下半身をつなぐ大腰筋をも使った、いわば「全身呼吸」といえるのです。

この全身呼吸は、能の呼吸法と同じです。全身呼吸でなければ、腹に響き渡る謡は謡えません。舞も鼓《つづみ》も、そしてもちろん笛も同じです。また、これらの動作や謡を長時間にわたってやり続けるには、スタミナも必要です。

そんな能の基本の呼吸法である全身呼吸は、爆発的な瞬発力が必要なあらゆる場面でその力を出すことができ、また疲れ知らず、ストレス知らずの呼吸法なのです。

心をコントロールする呼吸のやり方

それでは、心をコントロールする呼吸を身につけるためのエクササイズを紹介しましょう。いきなり全身呼吸を行うのはむずかしいので、四つのステップを踏んで全身呼吸ができるようになりましょう。

まずは胸式呼吸の練習です。胸式呼吸がしっかりできないと、腹式呼吸もできません。腹式呼吸といっても息をするのは肺なので、肺を囲む胸郭（肋骨などの胸部をおっている骨格）に、ある程度の自由があってこそ腹式呼吸も可能になるのです。

練習の方法はストローを使った「**ストロー呼吸**」です。

方法は簡単（図5－2 次頁参照）。ストローをくわえて口で「吐き」、鼻で「吸う」だけです。鼻で吸うのがむずかしければ、口で吸ってもかまいません。

これを一日三分間続け、慣れてきたらストローをはずし、ストローをくわえている

図 5-2 ストロー呼吸のやり方

❶ストローをくわえて口で吐き、鼻で吸う

❷慣れてきたらストローをはずし、ストローをくわえている意識でくちびるをすぼめて吐き、鼻から吸う

※1日3分間行う

意識でくちびるをすぼめて吐き、鼻から吸います。

ストロー呼吸で大切なのは「吐く」がじゅうぶんにできるようになることです。きちんと吐ければ、自然と「吸う」も深くなります。

ストロー呼吸で、胸式呼吸がきちんとできるようになったら、全身呼吸のエクササイズに入ります。

まずは腹式呼吸のエクササイズからです。


〈腹式呼吸のエクササイズ〉（図5－3　次頁参照）

❶足をやや開いてスカイフック感覚（天からつり下げられた感覚＝くわしくは七五頁参照）で立ち、両手の手のひらを下に向けて、第一の横隔膜（呼吸横隔膜）の前に置く
❷おなかをふくらませながら鼻から息を吸う。このとき、横隔膜の前に置いた両手の指先を軽く下げて、内臓を圧迫するイメージを持つ
❸おなかをへこませながら口から息を吐く。このとき、両手の指先を軽く上げて、肺を圧迫するイメージを持つ
以上を十回くり返します。

図 5-3 腹式呼吸のエクササイズ

❶足をやや開いてスカイフック感覚で立ち、両手の手のひらを下に向けて、第一の横隔膜の前に置く

❷おなかをふくらませながら鼻から息を吸う。このとき、横隔膜の前に置いた両手の指先を軽く下げて、内臓を圧迫するイメージを持つ

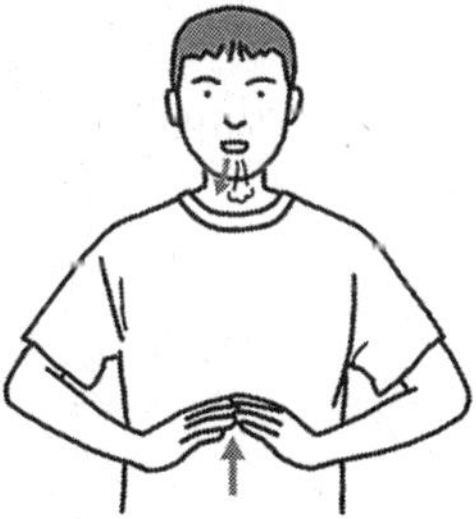

❸おなかをへこませながら口から息を吐く。このとき、両手の指先を軽く上げて、肺を圧迫するイメージを持つ

※①〜③を10回くり返す

腹式呼吸ができるようになったら、次に大腰筋呼吸を行います。腹式呼吸で横隔膜を動かすときに大腰筋も動かすイメージを持つと、より深い呼吸ができます。

〈大腰筋呼吸のエクササイズ〉(図5－4　次頁参照)

❶足をやや開いてスカイフック感覚で立ち、第一の横隔膜の下あたりに、両手の握りこぶしを重ねて置く

❷横隔膜の裏側を小さな人間が引っぱっている姿をイメージしながら、両手のこぶしを下げると同時に、鼻から息を吸う。横隔膜が下りて肺が広がり、空気が入ってくるのをイメージする

❸小さな人間が手を離すと横隔膜が上がり、空気が出ていくのをイメージしつつ、両手のこぶしを横隔膜といっしょに元の位置に戻しながら、口から息を吐く

以上を十回くり返します。

いよいよ全身呼吸です。全身呼吸では、第一の横隔膜と第二の横隔膜(骨盤底横隔膜)を連動させて、さらに深い呼吸をします。二つの横隔膜の連動には、大腰筋が深

図 5-4 大腰筋呼吸のエクササイズ

❶足をやや開いてスカイフック感覚で立ち、第一の横隔膜の下あたりに、両手の握りこぶしを重ねて置く

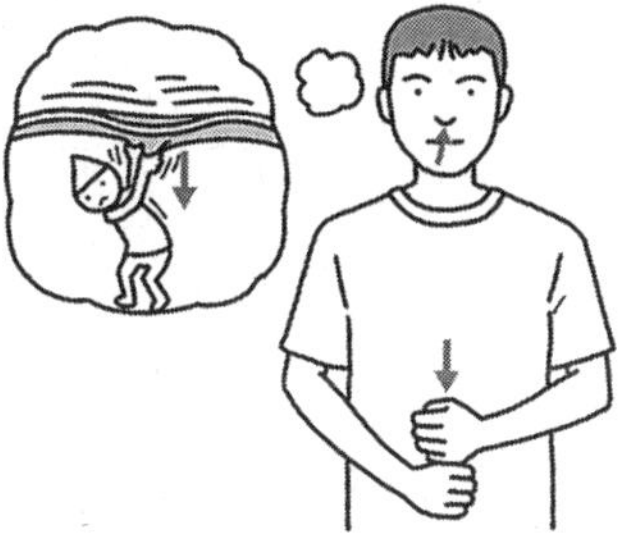

❷横隔膜の裏側を小さな人間が引っぱっている姿をイメージしながら、両手のこぶしを下げると同時に、鼻から息を吸う。横隔膜が下りて肺が広がり、空気が入ってくるのをイメージする

❸小さな人間が手を離すと横隔膜が上がり、空気が出ていくのをイメージしつつ、両手のこぶしを横隔膜といっしょに元の位置に戻しながら、口から息を吐く

※①〜③を10回くり返す

『Dynamic Alignment Through Imagery』を参考に作図

くかかわっています。

〈全身呼吸のエクササイズ〉（図5－5　次頁参照）

❶骨盤底がイメージしやすいように、ひざの間を少しあけて正座をする。足の指は重ねず、左右のかかとがちょうど座骨の下にくるように

❷左右の座骨と恥骨《ちこつ》とで三角形ができていることをイメージして座り、骨盤底をイメージする

❸第一の横隔膜に連動して、第二の横隔膜が上下するのをイメージしながら、鼻で呼吸をする。ただし、これは呼気（吐く息）から最初に行う。横隔膜呼吸と同じく、息を吐くと二つの横隔膜が上がり、吸うときに下がるイメージで行う

以上を十回くり返します。息を吸うときに座骨でかかとが押されるのを感じられれば全身呼吸ができています。

深い呼吸から生まれる深い声は、私たちが深層に持っている潜在的な可能性を引き出す力を持っているのです。

図5-5 全身呼吸のエクササイズ

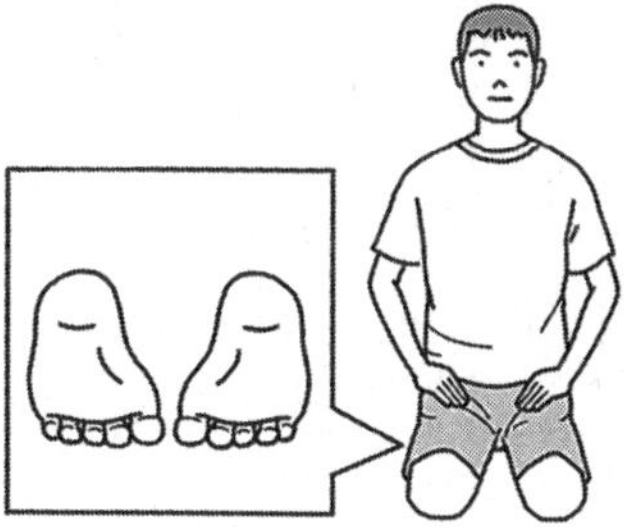

❶ひざの間を少しあけて足の指は重ねず、左右のかかとがちょうど座骨の下にくるように正座をする

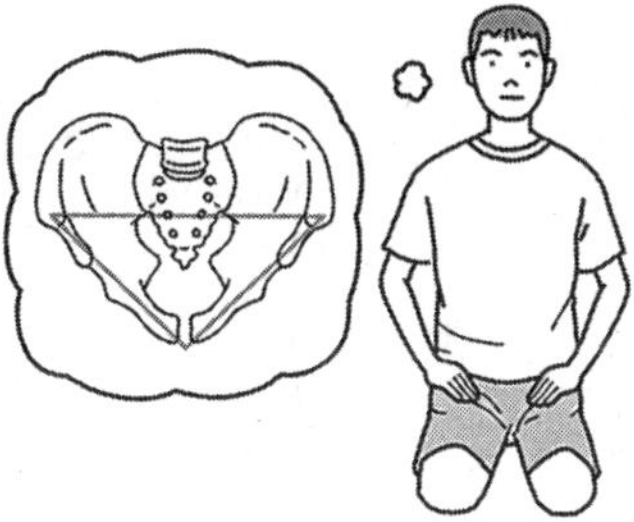

❷左右の座骨と恥骨とで三角形ができていることをイメージして座り、骨盤底をイメージする

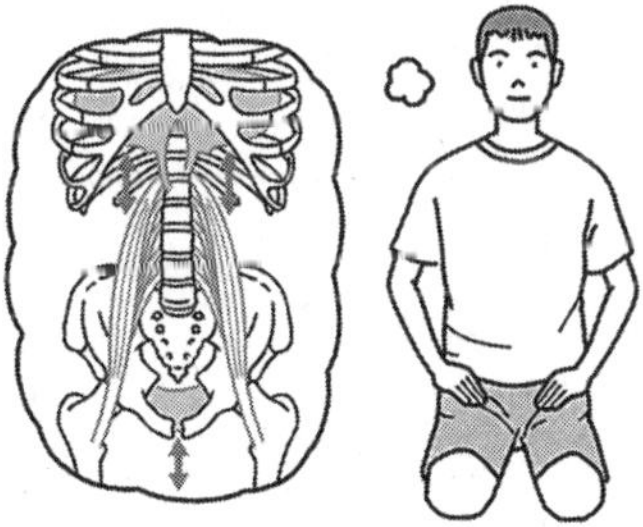

❸第一の横隔膜に連動して、第二の横隔膜が上下するのをイメージしながら、鼻で呼吸をする。横隔膜呼吸と同じく、息を吐くと二つの横隔膜が上がり、吸うときに下がるイメージで

※①〜③を10回くり返す

おわりに

日本には、昔から各地に『三年寝太郎』という話が伝わっています。

日照りが続いて苦しんでいた村に、三年間眠り続けた寝太郎という男がいました。仕事を何もしないでひたすら寝続けていた寝太郎に、村の人たちは怒っていました。ところが、寝太郎がある日突然起きたのです。

何をするのかと思ったところ、寝太郎は山に登って大きな岩を動かしました。その岩が谷にころがってぶつかり続け、ついには川をせき止め、川の水が田畑に流れ込みました。こうして寝太郎のおかげで、村は救われたのでした。

さて、本書に登場したエクササイズは、子供たちとの能の稽古から生まれたものもたくさんあります。

「はじめに」で述べたように、私が稽古をしているのは、いわゆる一般の子供たちです。ですから、子供たちとの稽古は、いつもはちゃめちゃな混沌《こんとん》状態から始まります。

正座をするようにいってもできないし、静かに集中するように促《うなが》しても三分ともたない。声を出させると小さな声しか出ないのに、休憩時間には大騒ぎをします。

しかし、そういう子たちも一年、二年と稽古を続けていくうちに、「場」を感じられるようになり、いわれなくても大事な場面では静かに集中するようになります。

彼らは将来、能楽師になることはほとんどないでしょう。ですから、稽古としての稽古をしてもしようがないと考えています。稽古を通じて彼らが自分自身で何かを得られるような、いうならば教育としての稽古をしたいと考えています。

稽古を教育として考えた場合、それは強迫的に押しつけられた「しつけ」であってはいけないでしょう。それでは萎縮した子や人の顔色をうかがう子、あるいは規範には従えるが自分では判断できない子を育てることになります。一見いい子なのですが、その内側に陰湿さを隠し持つようになってしまいます。

そうではなく、自分でその「場」の空気を感じ、それに合った態度・行動ができる子、そんな子を育てたいと思います。しかも、その状態は彼にとって苦しくもなんともなく、とても自然な感じ――そういう状態になるように手助けすることこそ、子供たちに稽古をする意味だと思います。

むろん、彼らの中でそれが完成するのはずっと先です。ずっと、ずっと、ずっと先です。かの孔子《こうし》ですら、七十歳でやっとできた境地です。でも、そのための種まきをするのが稽古であり、大人の役割です。

種まきですから、そこで収穫しようと思うと「早く芽を出せカキの種」で、サルカニ合戦のサルになってしまいます。そこに必要なのは、とてもゆったりとした時間感覚です。

一年、二年はあたりまえ。子供によっては五年、十年、いや、それ以上必要な子もいるでしょう。その間には、ひょっとすると稽古を始める前よりも混沌たる状態になる時期があるかもしれません。

しかし、この期間こそがとても大事なのです。

イギリスで「サマーヒル」というフリースクール（学校教育法に拘束されない民間の教育機関）を創設したニールは、この期間を「膿《うみ》を出す期間」と呼びました。体内にたまった膿を出るだけ出すというわけです。

膿を封じ込めたまま、その上に「しつけ」という化粧を施せば、一時的にはちゃんとしているかのように見えますが、その集団からはずれれば、すぐに膿が噴出します。いや、それどころかその集団の中にいても、その陰で膿を腐らせているかもしれません。教師や親という大人にとっては一見、都合はよいのですが、子供の人生ということから考えると、それはひどい方法です。

私たち大人の役割は、彼らの中に眠っている可能性を信じながら、子供たちよりもゆったりした時間に耐え得るその特性をフルに活かしながら、彼らの成長をじっくりと見守ることです。

成長のスピードが遅い子は「三年寝太郎」かもしれません。遅い子であればあるほど、彼はこれからの社会を変えていく力を持っているに違いありません。彼が目覚めるのを「待つ」こと、それこそが大切なことなのです。

「待（つ）」という漢字は「彳」に「寺」です。「寺」の上の部分は、いまでは「土」になっていますが、昔の漢字では「止」でした。そして下の「寸」は右手を表します。「寺」とは、すなわち、右手で何かを手放さないように「しっかりと持つ」という意味です。また「彳」は「行」の省略形で、これは十字路を表します。したがって、「待」というのは十字路で、相手が来るのをじっと待っている、その姿を現す漢字なのです。

携帯電話や音楽プレーヤーが普及した現代、こんなふうに相手を待つ人は少なくなりました。相手が来るのをじっと待つのではなく、携帯電話でメールを打ちながら、あるいは音楽を聴きながら、というふうに私たちは何かを「しながら」待ちます。

あるいは相手がちょっと遅くなろうものなら、すぐに相手の携帯電話に連絡をして「いまどこにいるの」と聞きます。これでは相手を待っているのではなく、時間を待っているようなものです。

私たちは、本当に「待つ」ということを忘れてしまっているのかもしれません。

子供の成長を待つというのも、同じだと思います。その子の可能性を信じてじっと待つ。何かをしながら待つのでもなく、しかしだからといって干渉もしすぎない。

むろん、その間、放任という形で手をこまねいていてはいけないのは当然です。その子、一人ひとりに合ったスピードでさまざまなことを教えていくことはとても大切です。

たとえば、本書に出ているエクササイズをお子さんと行うとしましょう。

最初は楽しそうにやっていたのに、すぐに飽きてしまった。そうすると大人の対応は大きく二つに分かれます。

一つは無理やり続けさせるパターンです。

もう一つは「いやならやめなさい！」と怒ることです。

こうした感情は「待つ」ことを忘れた私たちには出やすいものです。

そういう感情が出たな、と思ったら、ちょっと止まって「待つ」ということの本来の意味を思い出してください。

いやいやながらにやっていたら効果がないばかりか、そんな気持ちで「やらされて」いれば、二度とそのエクササイズに戻る気はなくします。

そのうちまた「やってみよう」と思う日が必ずやってきます。もしかしたら、またやめてしまうかもしれません。でも、そのくり返しでよいのです。

エクササイズの最終的な結果は、子供たちの運動会などでの成績や、日常での姿勢、授業態度などなど、さまざまな場面で感じられるでしょう。しかし、その前に、子供たちはエクササイズそのものに「気持ちよさ」「心地よさ」を感じるはずです。

気持ちよさや心地よさを感じられるまでには、やったりやめたりをくり返すかもしれません。その感覚は子供たちのものです。まわりにいる大人がどうこういっても、決して変わりはしません。

大人は環境を整えてやることと待つことしかできません。あとは子供にまかせるのが、いちばん手っ取り早くて最善の方法です。

お子さんを待っている間に、お父さんもお母さんも、ご自分のためにエクササイズを続けて、「気持ちよさ」「心地よさ」を共感してください。

なお、本書に協力してくれた子たちは小田原市にあるNPO法人「子どもと生活文化協会（CLCA）」に所属している子供たちと、練馬区立光が丘第四中学の生徒が中心です。子供たち、お母さん方、そして「子どもと生活文化協会」の和田会長やスタッフのみなさま、光が丘四中の吉田校長先生、加藤副校長先生、保谷《ほうや》先生、野田先生（いずれの方も当時）、そのほかの先生方に感謝を捧げます。

また、子供たちと私をつないでくださった大倉正之助《おおくらしょうのすけ》（大倉流大鼓）氏。大倉氏も独自の教育理念で子供たちに稽古をされています。感謝と尊敬を捧げます。

そして、私の師匠である鏑木岑男《かぶらぎみねお》師、そしてシテ方のことについていつもご教示いただく津村禮次郎《つむられいじろう》師（観世流《かんぜりゅう》）。両師がいらっしゃらなければ、本書どころか、いまの私すらおりません。叩頭深謝《こうとうしんしゃ》いたします。

平成十九年春

著者記す

参考文献

『Rolfing』Rolf, I.P.　Healing Arts Press

『Balancing Your Body』Mary Bond　Healing Arts Press

『Dynamic Alignment Through Imagery』Eric Franklin, Human Kinetics

『Deep Tissue Massage』Art Riggs　North Atlantic Books

『The Anatomy Trains』Thomas W. Myers　Churchill Livingstone

『The Endless Web』R. Louis Schultz　North Atlantic Books

『ネッター解剖学アトラス』Frank H. Netter著、相磯貞和訳　南江堂

『日本人体解剖学』金子丑之助著　南山堂

『Trail Guide to the Body（ボディ・ナビゲーション）』Andrew R. Biel　Books of Discovery

『Atlas of Skeletal Muscles』Robert J. Stone, Judith A. Stone

『クリニカル・マッサージ』James H. Clay, David M. Pounds共著、大谷素明訳　医道の日本社

『ロルフィング概説』藤本靖著　日本補完代替医療学会誌　第二巻　第一号

『能に学ぶ身体技法』安田登著　ベースボール・マガジン社

『ブロードマッスル活性術』安田登著　ＢＡＢジャパン出版局

『疲れない体をつくる「和」の身体作法』安田登著　祥伝社

『ゆるめてリセットロルフィング教室』安田登著　祥伝社

『能に学ぶ深層筋トレーニング』安田登著　ベースボール・マガジン社

『ワキから見る能世界』安田登著　日本放送出版協会

『セロトニン欠乏脳』有田秀穂著　日本放送出版協会

『安心』二〇〇六年六月号・十月号　マキノ出版

文庫版あとがき

本書を出してからも、いろいろなところで子どもたちと関わってきた。

まずは、渋谷区の公立小学校の子どもたちとの放課後のクラブ。このクラブを始めるときに、会場となっている東江寺のご住職である飯田義道師から「たらたらやりましょう」と言われた。すぐに結果を求めるのではなく、ゆっくり、しかし確実に続けていく。たとえば小一の子に稽古をする。その成果を来年求めようなどとは思わない。小六に成果が出れば御の字、中学校になってから出てもいいし、大人になってからでもいいし、来世だってかまわない。むろん、その成果が「稽古のおかげ」だなんて思う必要はさらさらない。

いま一粒の種を植えて、それを育てている、そんなつもりで稽古をしている。

また、年に一度、熊本・益城町《ましきまち》の阿弥陀寺（大谷義文師）でも、夏の三日間、合宿で小・中学生に稽古をしている。年に一回だけなのに、去年の稽古でやった『高砂』の待謡《まちうたい》を覚えているかどうかをチェックしたら、多くの子が覚えていた。

そこで今年は「脳もストレッチしよう」ということでかなり長い掛け合いの謡を、文字を使わず口うつしで覚えるということをやった。普段は文字を頼りに覚えているので、最初は口うつしという方法では、なかなか覚えられなかった。それでも二日目からは「二度謡っただけで覚えられる」という子が増えた。子どもはこんなすごいことも可能なのだ。

子どもたちに稽古をするときに大切なことは、彼らを「お客様」にしないということだ。彼らに気を使わない。彼らが僕たちに気を使うようにする。そんな場を提供する。そうすることによってはじめて、学習の成果は格段に上がる。

本書にも登場する小田原のNPO法人CLCAでは、子どもたちだけでなく、ニートと呼ばれている人たちのサポートも始めた。彼らや不登校の子とともに、東京から日光、そして那須周辺を歩いた。朝八時半から夕方までひたすら歩く。彼ら自らが地図を頼りに旧道を探して歩く。すでに消えた道だ。町の人たちに尋ねなければ見つからない。道に迷うわ、大雨の中を何日も歩かなければならないわ、食事は逃すわで、かなりつらい旅だったはずだ。しかも人づきあいも苦手だし、普段は引きこもっていて、見知らぬ人に話しかけることも、歩くこともしない人たちだ。歩く前には、本人たちはとても心配していたが、本書で紹介したエクササイズを行なって歩いたところ、ひとりの脱落者もなく完歩した。

が、それだけではない。約一週間の歩行の後には、多くの人たちが積極的になり、仕事もかなりこなすようになった。地図を片手に町の人たちと関わることによって、今までの親や他人から気を使われる存在から、他人に気を使う存在に変わったからだろう。

そんな積極性を引き出したのも、まずは身体なのである。体は本当にすごい。

二〇一〇年八月

安田登

解説「うまく歩けない」けれど、「開かれている」ことについて　内田樹

解説を書くために安田さんの本を読んでいたら、ふと村上春樹のエッセイのことを思い出した。そのことから書くことにする。

村上春樹はエッセイの中で、イタリアの山村で経験した不思議なエピソードを紹介している。村上さんは現地の友人ウビさんに連れられて、ローマ郊外にあるウビさんの出身地メータ村というところにゆくことになった。ハイウェイを降りて、しばらくゆくと山の中に小さな町が見える。これがめざすメータ村かと思って、そう訊ねると……以下、二人の問答をそのまま再録する。

「ノオ、あれはペスキエラという小さな村。メータの人はあそこを中国（キノ）と呼んでいる。文明が発達していなくて、変な歩き方をするからだ」

「文明？　歩き方？」と僕はびっくりして聞き返す。

「そう。ペスキエラにくらべたらメータなんかビッグ・シティだ。歩き方のことだけどね、本当に歩き方が違うんだよ。だから、世界中どこにいてもペスキエラ出身の奴はすぐに見分けられる。歩き方を見ればすぐにわかる。こういうね、ちょこちょこした変な歩き方をする

んだ。脚が曲がっているんだよ」

「どうしてそんなに歩き方が違うの？　少ししか離れてないんでしょう？」

「うん、一キロも離れてない」と彼は言う。

（村上春樹、『遠い太鼓』、講談社、一九九〇年、二二八頁）

一キロどころか、メータ村と二〇〇メートルのところにあるサン・サヴィーノという村の人たちもメータ村民とは歩き方が違う。だから、「メータ村じゃみんなでサン・サヴィーノの連中の歩き方真似して笑うんだ。服も違うし、喋り方も違うし、考え方も世界観も全然違うから」（二二九頁）。

私はこのエッセイを読んだときに、ふとブザンソンというフランスの小さな街のことを思い出した。十数年前、その街には何十人ものベトナム人留学生がいた。私は彼らの何人かと仲良くなり、よくいっしょに散歩し、カフェでおしゃべりをした。そのときにベトナム人は日本人と歩き方がぜんぜん違うのがおかしくて、「君たちは、こんなふうに歩くんだね」と「真似して笑」ったことがあった。中の一人、温厚な紳士のビンくんがやや憤然として、「そうやって歩くのがふつうでしょう。日本人は違うの？」と反問したので、その言葉にはっと胸を衝かれたことがある。

そういうものなのだ。

国が違えば歩き方が違う。二〇〇メートル離れた村落についてさえ、「歩き方が変」と言って、人々はそれを笑うことができるくらいなのだから。

歩き方というのは、それくらいに不安定なものなのだ。「これが人間として正しい歩き方です」という汎通的な標準も定型もない。それが「歩く」という行為なのだ。

「歩く」というのは、根源的・基礎的な身体運用である。身体技法のすべてはその上に築かれると言って過言ではない。にもかかわらず、その「歩く」について、万国共通の「正しい歩き方」がない。

どういうことなのだろうと沈思しているうちに、「うまく歩けない」という身体条件に言及したクロード・レヴィ＝ストロースのオイディプス神話研究のことを思い出した。

オイディプス神話に出てくる王たちの名はどれも「うまく歩けない」という含意を有している。よく知られているように、オイディプスは「腫れた踵」を意味する（神話によれば、彼は捨てられた時に両踵を針で貫かれた）。父の名ライオスは「不器用」を意味し、祖父の名ラブダコスは「足を引きずる人」を意味する。その名前の選び方について、レヴィ＝ストロースはこう書いている。

「神話学において、多くの場合、人間は大地から誕生したとき、出生の時点においては、まだうまく歩けないものとして、あるいは脚をもつれさせながら歩くものとして表象される。」(Claude Lévi-Strauss, Anthropologie structurale, Plon, 1958, p.238)

うまく歩けないもの。それが世界の神話に共通する人間の条件なのである。

生まれたばかりの赤ちゃんが歩けないのは当たり前ではないかと言う人がいるかも知れな

い。だが、それは短見というものだ。赤ちゃんは生まれながら四足歩行の達人である。四足歩行している限り、人間は巧みに、器用に、そして同じように歩く。それがあるときに、あきらかに構造的に無理のある直立歩行を試みたせいで、人間たちは参照すべき身体運用の標準を持たない種になったのである。

「うまく歩けない」というのは「その人は人間である」ということとほとんど同義なのだ。もちろん、みんなそれぞれに固有のローカルなしかたではうまく歩いているのである（「うまく歩けない人間」に一〇〇メートルを九秒台で走ったり、四一キロを二時間で走ったりすることができるはずがない）。けれども、「これが正しい歩き方だ」という万人共通の基準だけが存在しない。

そのことを「人間はうまく歩けない」という命題は告げているのである。

オイディプスは別に歩くことに器質的な障害を持っていたわけではなかったと思う。彼はおそらく彼なりにうまく歩いていた。だが、テーバイの人々はそれを見て「変な歩き方」だと思い、それを「真似て、笑」って、「腫れた踵」と呼んだのである。

長い「マクラ」で、安田さんの本の解説に割く紙数を使いすぎてしまったが、この解説は読者に読んでもらうためというよりは、著者である安田登さんご自身に「ねえ、安田さん、このアイディア、どう思います？」と私が訊きたくて書いているので、その点はご容赦を願いたい。

この本は、お読みになればわかるとおり、「どうして日本の子どもたちはうまく走れなくなったのか？」という問いから始まる。この問いは「どうしてうまく歩けなくなったのか？」という問いと本質的には同一のものだ。だとすれば、この問いの答えは、神話学的には自明である。それは「子どもたちは人間だからだ」ということである。

彼らはある世界を生きており、安田さんは別の世界に生きており、私もまたいずれとも別の世界に生きている。それぞれは「服も違うし、喋り方も違うし、考え方も世界観も全然違う」。それでも、みな人間である。というより、それだから、みな人間である。

自分とは違う歩き方を許容すること、それが人間の人間性の基礎部分をかたちづくる。そういうことではないかと私は思う。

安田さんは「子どもたちはどうしてこんな歩き方をするのか？」を問う。そのときの安田さんの構えは文化人類学のフィールドワーカーとほとんど変わらないように見える。

別に安田さんは彼らを矯正したいわけではない。この本での安田さんの構えは、決して現代の子どもたちは「間違った身体の使い方」をしているから、「正しい使い方」を教えねばならないという教化的・矯正的な意図に基づくものではない。ただ、深層筋や呼吸法によって、（人々がそのようなものが存在することさえ知らない筋肉や関節の使い方を教えることを通じて）「土着の歩き方」とは違う歩き方にも人間は開かれているという、人間の可能性を提示したいのだと思う。

「未知のもの」、「遠方のもの」に対する「開かれ」が安田さんの思想と技法のもっともきわだった特徴である。私にはそのように見える。現に、安田さんは能楽という、すでに日用のものとしては廃絶された中世の身体技法を復元するという仕事を本業とされているし、かつて大学では甲骨文字研究を専攻し、今は古典ギリシャ語を独学されている。安田さんはつねに「死語的なもの」に惹きつけられるようである。

今ではそれを「おのれに固有のもの、母語的なもの」として生きる人が絶えた言語や身体作法に安田さんはつよい偏愛を示す。もしどこかで古代の文書が発見され、そこに「もう地上では誰もそのように歩く人がいなくなった歩き方」についての言及があったら、安田さんは必ずやその歩き方を復元しようと夢中になるだろう。もう存在しない人々の思考や情感やなによりも身体感覚と共感し同期することにこれほど情熱を傾ける人を私は、同時代に、安田登さんの他に知らない。

＊本書は、『日本人の身体能力を高める「和の所作」』の書名で二〇〇七年四月、マキノ出版より刊行された単行本に、加筆したものです。

ちくま文庫

身体能力《しんたいのうりょく》を高《たか》める「和《わ》の所作《しょさ》」

二〇一〇年十月十日　第一刷発行

著者　安田登（やすだ・のぼる）
発行者　菊池明郎
発行所　株式会社　筑摩書房
東京都台東区蔵前二―五―三　〒一一一―八七五五
振替〇〇一六〇―八―四一二三
装幀者　安野光雅
印刷所　中央精版印刷株式会社
製本所　中央精版印刷株式会社

乱丁・落丁本の場合は、左記宛にご送付下さい。
送料小社負担でお取り替えいたします。
ご注文・お問い合わせも左記へお願いします。
筑摩書房サービスセンター
埼玉県さいたま市北区櫛引町二―六〇四　〒三三一―八五〇七
電話番号　〇四八―六五一―〇〇五三
© NOBORU YASUDA 2010 Printed in Japan
ISBN978-4-480-42754-0 C0177